SHODENSHA
SHINSHO

統一朝鮮が日本に襲いかかる

豊田有恒

祥伝社新書

プロローグ　破局した日韓

２０１８年10月30日は、記念すべき日になるだろう。

韓国ソウルの大法院《テーポブォン》（日本の最高裁判所に当たる）は、元徴用工と称《しょう》する四人に対して、新日鉄住金《しんにってつすみきん》（旧・新日本製鉄）が四億ウォン（四千万円）を支払うべきだとする判決を下した。この暴挙によって、日韓関係は、完全に破綻《はたん》した。

しかも、最大の問題は、当の韓国人が、自ら日韓関係を破綻させる暴挙を敢行《かんこう》したと、意識していない点にあるのだが、この点が、テレビなどマスコミで、日韓関係などについて語る、いわゆる識者の分析から、明らかに欠落している。

日本人が成すべきことは、この暴挙がどれほど非常識で悪辣《あくらつ》なものか、骨身に沁《し》みるまで韓国人に認識させることである。そうしないかぎり、どれほど綺麗事《きれいごと》を並べても、日韓関係は改善されない。

すでにあちこちで言及されていることだが、戦後、日韓は、1965年の日韓基本条約によって、戦前の日本統治に関するすべての処理を終了した。ここでは「完全かつ最終的に解決した」と謳《うた》われている。また、当時、18億ドルしか手持ちがなかった外貨準備から、身を切るようにして有償、無償合わせて5億ドルを韓国に提供した。

こうした日本の誠意を踏みにじる暴挙に対して、日本側の反応は、きわめて鈍い。日本政府は、このことがどれほどの暴挙か、国民の関心を引くよう、機会を捉《とら》えて説明しているものの、多くの国民は、ほぼ無関心なままである。いつものように韓国がごねている、といった感想で終わってしまう。

また、日本側は、しばしば「残念だ」と口にする。これでは、納得したと韓国側に誤解される。韓国人は、己《おの》れの意に反する言論に出会うと、まず怒る。あるいは、怒ったふりをする。残念とか、遺憾《いかん》などという穏やかな表現は、韓国相手では禁物である。相手は、しぶしぶながら了承したと解釈するだけである。

しかし、これでは、いけない。

韓国・朝鮮民族の国民性は、のちほど詳述するが、自分の理屈しかない。過去二千年間に、実に九六〇回も異民族の侵攻を受けた歴史を経験している。どんな手段を弄《ろう》しても、自分の理屈、正義、主張を守り抜こうとする国民性が形成されたのである。日本では、事《こと》を荒立てると、しこりが残ると考える。しかし、韓国では、いったん事を荒立てないと、しこりが残るのである。また、日本では、潔《いさぎよ》いことが理想とされる社会だから、いったん決まったことを蒸し返すことを嫌うが、韓国では前言を翻《ひるがえ》すことが許されているから、何度でも蒸し返すことが、べつだん非難の対象とならない。状況が変わったと説明すれば、それで済んでしまうのだ。

日本も、断固として反撃しなければならない。今回の暴挙が、国際常識からみて、どれほど無法なものか、韓国に思い知らせないかぎり、なにも前進しない。一見、とげとげしいようだが、そうすることが韓国のためでもある。

そもそも、現在の韓国は、かつて日本教育を受けた世代が、亡《な》くなったり、引退したりした結果、かつて封建制の牙城《がじょう》のようだった李《り》氏朝鮮王朝の時代へ、先祖がえり（Ａｔａｖｉｓｍ）してしまった。そのため、近代的な国際常識が通じなくなっているのだ。

問題判決を下した最高裁判事の資質を見れば、それが李朝さながらの経緯で選ばれたことが明白である。以前から言われてきた比喩《ひゆ》だが、韓国は法治国家ではなく、しばしば情治《じょうち》国家だと形容される。今回のトンデモ判決を下した大法院《テーポブオン》(最高裁)の金命洙《キムミョンス》氏は、『冬のソナタ』で有名になった江原道《カンウオンド》の道都春川《チユンチョン》の地裁の出身である。

江原道は、南北のDMZ(軍事分界線)で分割されているため、面積が狭い。その狭い地域の地裁の判事が、高裁判事を経《へ》ずに、いきなり最高裁の判事に就任するなどという人事は、日本ではありえない。日本では国政選挙のたびに、最高裁判事も信任を問われるほど、枢要《すうよう》な地位なのである。ところが、韓国では、一介《いっかい》の地方判事でしかない金命洙《キムミョンス》氏が、文在寅《ムンジェイン》大統領のお気に入りの左翼法曹人だからという理由だけで、いわば情実で抜擢《ばってき》されたのである。

韓国政府は、表向きは三権分立があるかのように振舞《ふるま》っているが、実際は異《こと》なる。韓国首相の李洛淵《イナギョン》氏は、「司法の判断に委《ゆだ》ねよう」などと、綺麗事《きれいごと》を口にしているが、これが文在寅大統領の意《い》を受けた判決であることは疑いようがない。

こちらも、こうした韓国の変化に対して、強硬な対応を迫られているのである。日韓基本条約を反古《ほご》にする暴挙を、あえて韓国が行なう以上、こちらからも対韓請求権が生じてくる。かつて日本統治時代、朝鮮半島に投入したインフラ整備の経費など、請求権が蘇《よみがえ》ることになる。製糖事業など、ある程度まで収益の上がった台湾統治に比べて、朝鮮統治は日本の持ち出し分が巨大だったことは、かつての統計の示すところである。こうしたデータを、きちんと韓国政府に突きつけるべきである。

韓国の文喜相《ムンヒサン》国会議長は、無礼にも今上陛下を「戦争犯罪の主犯の息子」と罵《のの》り、謝罪を要求した。このような不逞の輩《やから》は、ただちに「好ましからざる人物《ペルソナ・ノン・グラータ》」に指定し、日本への入国を禁止すべきである。日本も、対韓国では、強硬路線を取らないと、何も解決しない。

目次

第一章

常軌を逸《いっ》した反日

朴正熙の時代に何が起こっていたのか？

文在寅《ムンジェイン》政権が成立してから、韓国の反日が常軌を逸《いっ》したものになっている点は、多くの日本人が感じているところである。

しかし、こうした過激な反日の動きは、現政権になってから始まったことではない。一見、正反対に見える旧政権、朴槿恵《パククネ》前大統領の時代にその起源があると言えば、違和感を感じる読者も多いことだろうが、まさに事実である。朴前大統領は、かつて『漢江の奇跡《ハンガン・キジヨク》』と呼ばれる高度成長を実現し、現在の韓国発展の基礎を築いた指導者、朴正熙《パクチヨンヒ》氏の娘にあたる。彼女は、1974年に母親の陸英修《ユクヨンス》女史を在日韓国人の文世光《ムンセグアン》によって暗殺されたばかりでなく、79年には父親の朴正熙大統領までも側近の金載圭《キムジエギュ》によって殺害されている。こうした両親の悲劇が、彼女の人生に大きく影を落とすことになる。

話は、父親の朴正熙《パクチヨンヒ》時代まで遡《さかのぼ》る。朴は、国民の反対を押し切って1965年に日韓基本条約を結び、日本の協力のもとで高度成長の道を開いた。当時、わずか18億ドルしかなかった外貨準備から、日本は有償3億ドル・無償2億ドル、合わせて5

億ドルを提供した史実は、繰《く》り返し何度でも韓国側に恩着せがましく確認すべきだろう。日本は相手が察《さっ》してくれるのを待つ文化だが、韓国は恩着せがましくするくらい言い立てないと判《わか》らない文化である。

途上国では、しばしば外国からの援助が権力者の懐中《かいちゅう》に入ってしまい、いっこうに開発に寄与しない例が多いが、韓国は違った。日本は、さすがに賠償という表現は避けたものの、かつて併合していた同胞だった韓国人に対して、できるかぎりの援助を行なったのである。朴は、これら日本からの資金を、高速道路、原発、工場の建設など、インフラ整備に活用した。こうして、韓国の高度成長の引き金が引かれたのである。

朴は、日本の保守派からは、評判が良かったものの、朝日新聞に代表される左翼マスコミからは独裁者扱いされて、きわめて酷評されていた。そのため、朴の治世を評して、開発独裁という言葉が生まれた。肯定的な意味を込めての評価だったようだが、それすら当たっていない。

朴は、国内を引き締めるため、強権政治を布《し》いたものの、それは究極の独裁国家である北朝鮮と対峙するという、喫緊《きつきん》の課題に対処するためであり、かならずしも独裁政治ではなかった。日本の朝日新聞に代表される外国からの批判に対して、朴は、韓国式民主主義という表現で、弁解している。

当時、日本のジャーナリズムは、左寄りのイデオロギーに乗っ取られているような状態だったから、情報がすべて公開されてしまう韓国のマイナス面だけが報じられることが多かった。それに対して、社会主義国の独裁国家というものは、暗部、恥部が、ブラックホールのように外に出にくいため、公開された一部のプロパガンダだけを見て、実際以上に美化されがちなのである。ひところ、中国には蠅《はえ》がいない、公害がないなどといった報道がまかり通っていたが、虚偽だったとのちに判明する。公害がないように見えたのは、当時の中国の経済規模が小さかったから、顕在化していなかっただけなのである。

当時の北朝鮮報道を、外交評論家の加瀬英明《かせひであき》氏は、かつてのナチス報道とそっくりだと看破《かんぱ》している。「三国同盟」の締結を熱心に推進した朝日新聞は、ナチスを理想の国家のように報道し、日本国民を謀《たばか》り破滅に導いたことがある。

１９７０年代の初頭から韓国へ通いはじめた筆者は、あたかも日本代表のように扱われ、しばしば韓国人から責《せ》め立てられたものである。当時は、いわゆる従軍慰安婦や強制労働などという問題は、影も形もなかった。韓国人が筆者を責めた論点は、ただ一点だけだった。「日本の新聞は《イルボンシンムヌン》、我が国に関して《ウリナラ・ルル・クワンヘソ》、悪いことしか報道しない《ナプンゴン・マンバッケ・ポド ハジアナヨ》」。

つまり、こちらを知韓派と見て、日本政府を代表するようなかたちで多くの韓国人から、北朝鮮に甘く、韓国に厳しい報道姿勢を、なじられたのである。

朴正熙については、筆者はこれまで多くの本で学んだのであるが、書いた著者の立場によって、その功罪の評価が分かれる。日本では、左翼全盛の時代の後遺症で、ともすれば軍人、独裁者としての面が左右を問わず識者の口から強調されることが多いが、それは朴の一面だけしか見ていない評価であろう。

もともと、朴は、慶尚北道《キョンサンプクト》の貧農の生まれで、苦学して大邱《テグ》師範を卒業し、教員の道を歩みはじめている。朴のレリーフが、大邱《テグ》にある現在の慶北大学校《キョンブクテーハッキョ》の師範大学《サボンテーハク》（日本でいう学芸学部）のホールに飾られているのを、見てきたことがある。ちなみに、韓国では、英語の総合大学《ユニヴァーシティ》（ｕｎｉｖｅｒｓｉｔｙ）を大学校《テーハッキョ》、単科大学《カレッジ》、学部（ｃｏｌｌｅｇｅ）を大学《テーハク》と訳している。

つまり、朴正熙は、大邱師範の後身である慶北大学校の師範大学（学芸学部）出身の偉人として、そのレリーフが母校で公開されているわけである。もしかしたら、朴を敵視する現在の左翼政権のもとで、このレリーフは撤去されているかもしれないが、その後、慶北大学校を訪れる機会がないから、判らないままである。

朴は、やがて満州軍官学校を卒業し、成績優秀ということで日本の陸軍士官学校でも学ぶ機会を得て、満州国で軍人としてのキャリアーに進んでいる。この転身の動機は、あれこれ語られることが多いが、当時、朝鮮は日本に併合されていたことから、上昇志向と愛国心が動機だったことは否《いな》めない。

日本では、現在、しばしば植民地という表現が用いられ、韓国でも同様に植民地《シンミンチ》時《シ》代《デー》という呼称が、日帝《イルジェ》時代というどぎつい表現に代わり、やや穏《おだ》やかな意味あいで使われることが多いものの、これすら正しくない。のちに反日機運が高まり、特に過激でない年配の韓国人ですら、若い層をはばかって、植民地時代と呼ぶようになったが、私が最初に訪韓した１９７２年ころには、ほとんどの韓国人が、略して日本《イルボン》時代《シデー》と呼ぶか、あるいは日本統治時代《イルボントンチシデー》という穏当な表現を用いていた。まして日帝《イルジェ》などという表現は、当時は一度も耳にしたことがない。

朴に限らず、日本教育を受けた世代に共通する心理は、日本に対する愛憎二筋《あいぞうふたすじ》(ambivalent《アンビヴァレント》)な感情である。日本に併合され独立を失った史実が、儒教的な教養をもつ韓国知識人の急所である。いわばプライドの問題になる。

これに対して、日本統治そのものを、懐かしむ気持もないわけではない。本土系日本人と朝鮮系日本人のあいだの一部には、民族的な差異はあったものの、俗に言われるような差別はなかった。朴正熙も、こうした愛憎二筋の心理の中で、揺れ動いた一人である。

反日？　親日？　単純ではなかった朴政権

ともあれ、日本の敗戦、韓国で言う光復《クワンボク》の後、韓国軍が組織され、日本時代の軍歴をもつ人々が加わることになったが、まっとうな武器も装備も与えられなかった。

亡命先のハワイから、アメリカ人の夫人を同伴して戻った初代大統領の李承晩《イースンマン》は、李朝時代の両班《ヤンバン》(貴族階級)そのままのような人物で、故国にいなかったため日本統治の実情を知らなかった。

そのため、李は、ひたすら観念的に反日を煽《あお》るだけで、しかも軍人に対する蔑視《べっし》観すら隠そうとしなかった。もともと李朝は、中国の清王朝に臣属して、外交権、軍事権を清に委託するような状態、いわゆる冊封《さくほう》国家だったため、儒教思想から軍人を蔑《さげす》む風潮が蔓延《まんえん》していた。李は、こうした背景を体現する人物だったのだ。

1950年、光復後わずか五年、6月25日、北朝鮮が侵攻してきた。周到な準備のもと、ミグ戦闘機とスターリン戦車の大軍が、あっという間《ま》にソウルに迫ってきた。対する韓国軍は、戦車も戦闘機もなく、しかもアメリカ軍事顧問団は、わずか五百人しか在韓していなかった。北の電撃作戦があまりにも急だったため、南へ逃げようとする難民もろとも、漢江《ハンガン》にかかる橋を爆破するという悲劇すら起こった。敗走に敗走を重ねる韓国軍に、朴正煕も従軍する。劣勢の韓国軍にあって、白善燁《ペクソンニョプ》将軍のような傑物も現われるが、戦いの惨禍《さんか》は半島全土に及ぶ。

1970年代、訪韓するたびに、実感したことがある。625《ユギオ》という言葉が出るた

反日なのか、親日なのか

1953年、来日した李承晩（右から3人目）。左隣は吉田茂首相

朴正煕と朴槿恵の父娘　　写真／米陸軍（上）　UPI＝共同（下）

びに、その場の韓国人が、引き締まったように威儀《いぎ》を正すのである。625とは、朝鮮戦争（韓国では韓国動乱《ハングクトンナン》という）が始まった日である。当時の韓国人にとっては、その名を聞いただけで恐ろしい記憶が蘇ってくる、悪夢のような記念日だったのである。

朴は、休戦が成ったとき、大佐の地位にあったという。戦後も朴は、複雑な人生を歩む。一時は禁断の共産主義にかぶれたりもした。また、クーデターに連座して死刑の求刑を受けたこともある。やがて軍部のクーデターに加わり、青年将校の支持を得て権力を掌握するのだが、この間の事情は多くの書物で紹介されているからここでは割愛するとして、朴の人物像に触れてから、現代の韓国へと話を進めるとしよう。

朴正熙は、韓国でも日本でも、親日的な人物だと考えられているが、それほど単純ではない。娘の槿恵《クネ》に対しては、かなりの反日教育を施《ほどこ》したようである。

ナショナリストだった朴は、しばしば権力者の孤独を味わった。一時、アメリカの対応に業《ごう》を煮《に》やした朴は、自前の核武装を命じ、周囲をあわてさせたこともあった。

ソウルのインテリには人気がなかったが、セマウル運動（「新しい村作り」という農業改革）で知り合った農家の老婆と話す朴は、本当に心休まる風情を見せていた。朴の反日教育も、こうしたナショナリズムの延長線上で、不甲斐なく併合を招いてしまった父祖への反省から来たものだろうが、実際に日本統治を経験していない娘の槿恵は、反日の部分だけを過剰に受け止めてしまったらしい。

二つの反日法が韓国に与えた影響

現在の韓国には、反日を象徴する二つの悪法がある。

片仮名に直すと、「チニㇽ　パンミンジョケンゥイジャ　チェサネ　クㇰカクィソゲクヮナン　トゥクピョㇽ　ポㇷ゚」という長ったらしい名称が、ハングルで書かれている。漢字に直すと「親日反民族行為者財産の国家帰属に関する特別法」となる。反日が売りだった盧武鉉《ノムヒョン》大統領の下《もと》で、２００５年に定められた法律である。

盧は、日本統治時代を知らない最初の大統領である。そこで、日本時代に対日協力を行なったと見做《みな》される人物の財産などを国家が没収できるようにするため、あえて成立させた法律なのだが、日本統治が終わってからすでに六十年が経過した時点では、今さらの感をぬぐえない。

繰り返し述べているが、日本と韓国・朝鮮は、併合していたのである。したがって、対日協力と言っても、いわば全員が日本国民として生きていたわけだから、協力するのが当然だった。納税をしたり、兵役に志願したりし、国民としての義務を果たしていた。なにを以《も》って反民族行為とするかも、定かではない。実際、併合時代に楽《ナ》園《グオン》グループなど、朝鮮系の資本も育っていたから、それによって、財産を築いた人がいても、いわば正当な商行為で得た資産でしかない。

この法律に先立ち、もう一つ、日本を敵視した法律が成立している。「日帝強占下《イルジエカンチヨムハ》反民族行為真相究明《パンミンジヨケンウイチンサンクミヨン》に《ゲ》関《クワナン》する特別法《トウクピヨルポプ》」である。強占下とは、おどろおどろしい表現だが、日本統治の実情を伝えることのないアジテーションでしかない。

これら二つの反日法によって、過去に遡及《そきゆう》して、対日協力者をあぶりだし、資産を没収する暴挙が可能になったのである。調査対象とされた人々は、かつての朝鮮貴族、政治家、軍人などである。軍人に関しては、大日本帝国軍人として中佐以上の軍歴を持つ者という規定だったが、のちに野党（当時）の次期大統領候補と目される朴槿恵を意識して、盧政権時代には、わざわざ中尉以上と改められた。槿恵の父親の朴正熙が、かつて中尉だったからである。このあたりにも、時の政権によって、法律が恣意《しい》的に左右される韓国の風土が感じられる。

２００８年に盧武鉉政権が終わる。韓国の歴代大統領の退任後の悲惨な運命については、日本でもよく知られるようになった。日本のように、バブル景気の崩壊を招いたり、日米関係を危機に陥《おとしい》れたり、原発事故の対応を誤ったりした元首相たちが、悠々自適《ゆうゆうじてき》で老後を送れる国ではない。

韓国の歴代大統領は、退任後に投獄されたり、訴追されたりしている。なかでも盧武鉉は、自殺という最悪の最期《さいご》を迎えることになった。文在寅《ムンジェイン》現大統領は、盧の秘書室長を務めるなど、側近だった。上司を死に追いやったとして、李明博《イミョンバク》や朴槿恵には、怨《うら》み骨髄という状態なのである。

朴槿恵は、韓国政治史上、就任早々から反日を正面に押し出した最初の大統領となった。日本との交流を拒否し、首脳会談すら忌避《きひ》したあげく、中国とは、ことさらに親密ぶりをアピールする始末だった。これまで、韓国の歴代大統領は、反日を標榜《ひょうぼう》したあの盧武鉉も含めて、就任早々は、未来志向の日韓関係などと、口当たりのいいスローガンを掲《かか》げるのが常だった。日本から拉致《らち》され、あやうく殺されるところだった金大中《キムデジュン》が大統領に就任した際、日本側は、どんな新手の反日政策を打ち出してくるかと戦々恐々《せんせんきょうきょう》だったが、金は、かつての日本人恩師への感謝を表明するなど、日本との友好を標榜して政権を発足させた。この金もふくめて、韓国の歴代為政者は、政権末期になり、レームダック（死に体）化してくると、反日を掲げて人気を挽回しようとするのが常である。

しかし朴は、口を開けばナントカの一つ覚えのように、従軍慰安婦と口走るばかりで、最後の切り札のはずの反日カードを、最初に切ってしまった。いかにも異例な対応である。

なぜ、彼女が、そうまでして反日を国民に印象づけようとしたかと言えば、父親が親日家だと思われていたからである。

しかし、実情は異なる。朴正熙という複雑な人物は、親日家というより、日本人をよく知っていたからこそ、人のよい日本人を手玉に取って、援助、借款を引き出し、途上国だった祖国のインフラ整備に充《あ》てたと言えば、史実に近いだろう。その意味では、日本にとっては腹立たしい存在だが、韓国にとっては大恩人ということになる。しかし、現在の韓国では、感謝されていない。韓国は異論を許さない社会である。いったん親日と決めたからには、親日なのである。主義主張が先走ってしまい、ものごとを検証することが、きわめて苦手な民族なのである。

ただ、戦前の日本教育を受けた世代、その次の世代くらいまでは、朴の心情に共感できる部分を持ち合わせている韓国人が少なくなかった。のちに、朴槿恵が、弾劾《だんがい》を受けたとき、擁護《ようご》するデモに参加したのは、年配者がほとんどだった。朴正熙の娘ということから、その恩義を感じている人々も、多かったからだ。

ともあれ、朴は、父親の偉業を否定し、代わって謝罪する愚《ぐ》をおかし、かえって自分の立場を弱めてしまった。世間には、いまだ朴正熙時代を懐かしみ、評価する人々が、多く存命だったにもかかわらず、反日という誘惑に溺《おぼ》れ、父親の業績すら認めようとしなかったのである。現在の境遇は、涙を誘うようなみじめなものだが、いわば自業自得《じごうじとく》と言えないこともない。本来、大統領になるべきでなかった人物だと言えよう。しかし、父親の名声が、その器《うつわ》でない彼女を、大統領の座に押し上げてしまった。いわば不幸な七光だった。

北は変わらない。変わったのは韓国

朴正熙に代表される旧世代には、日本に対する愛憎二筋な感情があった。反日といっても、日本に併合された歴史に対する自戒の意味もこめての認識であり、日本に対する悪意、憎悪などは見当たらなかった。日本を意識することで、開発、発展へのエネルギーとする動機づけになっていたから、妙な表現になるが、前向きの反日だった。日本統治を知る世代にとって、日本は、次の世代に残すべき努力目標であり、いわば理想だった。

しかしながら、その次の世代は、李承晩時代の反日教育で育てられたから、父祖から教えられるべき日本の良い面が、うまく伝わらなかった。建前のほうの反日だけが強調されたことと相まって、折からの左翼思想の蔓延とともに、日本統治は実相から離れて、疑似イベント化していくようになった。

フランスのカルチェラタンから起こった学生運動は、１９６０年代から70年代、世界的なトレンドに発展した。いつの時代でも、若者には権威に反発する特権がある。日本でも、学生運動が過激化し、浅間山荘では立てこもった過激派学生と、警察との銃撃戦にまで及び、しかも、学生同士でも殺し合いが行なわれていたことがのちに判明し、猟奇的な大量殺人の発覚につながった。日本では、この事件をピークとして、こうした左翼トレンドは、ほどほどで収まった。

しかし、韓国では、それで終わらなかった。１９６０年4月19日、時の李承晩大統領に対して、大規模な抗議デモが発生し、李の退任に至った。このデモの主体となったのが、学生たちだったため、4《サー》・19《イルグ》革命は、学生革命《ハクセンヘンミョン》とも呼ばれる。もともと朝鮮王朝（李朝）時代から、書斎人を尊《とうと》ぶ気風がある。いわば、学生に甘い社会なのである。学生たちも、当時は、権力に反発するという意識で動いていたにすぎない。

わたしが、初めて訪韓した１９７２年ころは、北朝鮮に対する警戒心が、韓国全体に溢《あふ》れていた。街角の塀などに、真っ赤なペンキで手書きのスローガンが、掲げられているのを何度も見かけたものだった。

「ミョルゴントンギル」と書いてある。韓国語を習いはじめたばかりだったので、意味がよく判らなかった。統一《トンギル》のほうは判るのだが、はじめのミョルゴンが判らない。韓国人に訊《き》いてみた。日本時代を知る人だったから、漢字で書いてくれた。滅共と書いてもらっても、まだ、なんのことか、さっぱりだった。滅共《ミョルゴン》とは、共産主義を滅ぼすという意味だと解説してもらって、ようやく理解できた。

現在では、北朝鮮が、はたして共産主義かどうかも、はなはだ怪《あや》しいものだという常識が定着している。金《キム》一族を教祖とするカルト国家のようなものだと考えると、ちょうどよい。ただ、金日成《キミルソン》の時代には、いちおうはマルクス・レーニン主義を掲げていたから、共産主義という建前になっていた。世襲の問題が起こったときも、朝鮮総連の関係者は、当初は否定したものだった。実際、北朝鮮は、赤化統一を目指していたから、韓国の危機感も大きかった。何度もゲリラが侵入したり、スパイが潜入したりする事件が起こっている。朴正熙大統領自身も、暗殺の標的とされ、侵入した北ゲリラの最後の一人は、青《チョン》瓦《ワ》台《デー》（大統領官邸）のすぐ近くで、ようやく射殺されたほどである。

当時、韓国の人々は、しばしば愛国心《エーグクシム》という言葉を口にし、北の脅威を語ったものである。韓国人が、北朝鮮を呼ぶ場合、ふつう北韓《プッカン》というが、なかには露骨に敵意をこめて、北傀《プックエ》と呼ぶこともあった。北にある傀儡政権という意味である。南北おたがいに正統性を認めていないから、逆に北朝鮮から韓国を呼ぶ場合は、共和国南半部《コンファグクナムパンブ》などとしていたが、韓国政府を呼ぶ場合は、逆徒一味《ヨクトイルミ》などと罵詈雑言《ばりぞうごん》のような表現になる。

当時、韓国で北朝鮮が、どれほど恐れられていたかは、外国人である筆者にも、ひしひしと感じ取れた。まず、「朝鮮」という呼称は、ほとんど禁止されていた。ただし例外があり、朝鮮日報など、戦前から用いられていた固有名詞に限っては、いちおう許されていた。あの半島の総称として、日本では朝鮮半島だが、韓国では韓半島《ハンバンド》という名称しか許されなかった。また、北朝鮮の地名も、軍事上など必要性がある場合しか用いられなかった。

例えば、冷麺《ネンミョン》である。冷麺は、北朝鮮が本場である。まず、韓国と北とでは、発音そのものが異なる。北朝鮮は、R《アール》の子音をそのまま発声するが、韓国はN《エヌ》音で発声する場合がある。たとえば、労働党は、北朝鮮ではロドンタンと読むが、韓国ではノドンタンと読む。大統領だった盧武鉉《ノムヒョン》も、北ではRの頭音をそのまま発音するから、盧武鉉《ロムヒョン》となる。冷麺も、北ではレンミョン、南ではネンミョンである。

もともと冷麺は、北朝鮮の名物で、二種類ある。スープの入っている平壌冷麺《ピョンヤンネンミョン》と、キムチに使うタレのようなソースだけの咸興《ハムフン》冷麺である。しかし、北の地名が許されないため、平壌冷麺は水冷麺《ムルネンミョン》、咸興冷麺は混ぜ冷麺《ピビンネンミョン》と表記されていた。日本でも、食べ物というものは、産地の名で呼んだほうが、おいしそうに聞こえる。出雲そばとか、関鯖とか、名物がたくさんある。しかし、当時の韓国では、北の地名を冠《かん》することは許されなかったのだ。

現在、ソウルには、平壌冷麺、咸興冷麺という看板を掲げる店が、たくさんある。しかも、ハングルで「レンミョン」と書いてあったりする。北朝鮮の表記である。韓国にも、もともと冷麺屋は、たくさんあったが、すべて韓国式に「ネンミョン」と書いてあった。「レンミョン」と書いてある店は、北朝鮮からの亡命者、いわゆる脱北《タルプク》者《チャ》が経営しているのである。つまり、本場の味なので、ソウルっ子にも、受けているわけだ。

たかが冷麵の話だが、ここでも南北の融和が進んでいる。最近の南北関係を見て、平和教を信仰する日本人は、望ましいことだと考えがちである。クリントン大統領の時代にも、北朝鮮空爆という作戦が、机上に上ったことがある。また、トランプ政権でも、米韓軍による攻撃の可能性も、あれこれ取り沙汰《ざた》された。戦争の危険が遠のいたことを、歓迎する論調が、今や主流となっている。だが、はたして、安心していて良いものだろうか。

韓国の変化には、日本の報道にも責任がある

一見、北朝鮮が、これまでの挑発的な戦術を改め、平和的な路線に転換したかのように、錯覚する向きもあろう。だが、北朝鮮は、なにも変わっていない。変わったのは、韓国だけなのである。それでは、なぜ、韓国は変わってしまったのだろうか。

一つには、日本時代を知る人々が、社会の第一線から退《しりぞ》いたからである。反日と目《もく》された金大中大統領ですら、当時の日本人の恩師への感謝を、語ることをためらい

はしなかった。繰り返すが、戦前、日本人として教育を受けた年代層は、みな一様に日本への愛憎二筋の思い入れを持っていたのである。これらの人々が、物故したり、引退したりした後、韓国の反日はブレーキが利《き》かなくなり、史実とはかけ離れた、いわばヴァーチャルな日本人像を作り上げ、それに対する憎悪、悪意に満ちたものに変貌していったのである。

二つには、日本から左翼思想が流れ込んだせいである。そのため、韓国が変わってしまったのである。いわゆる進歩的文化人という人種は、個人的にも付き合った人々が少なくないが、右翼と呼ばれる人種より、はるかに世渡りの巧《うま》い人が多かったような印象が拭《ぬぐ》えない。そもそも、北朝鮮支持を掲げていた人々が、いつの間《ま》にか韓国支持に変わってしまったことが、常識を超えている。

朝日新聞は、1975年10月17日から『北朝鮮見たまま』(北京=田所特派員)という連載を開始する。第一回の見出しだけ読んでも、感心させられる。「速度戦」「民力を集中」「ととのった一色化」「建国の経歴に敬意」といったふうに、北朝鮮のプロパガンダそのままに伝えたあげく、記事の内容も「四歳までの乳幼児を預かる託児所でさえも、こどもは物心つくと金日成主席の故郷、マンギョンデ（万景台）の模型を前に、いかに主席が幼いころから革命指導者としての資質を発揮したかを教えられ、それを自分で説明できるようにしつけられている」といったふうに、北朝鮮の個人崇拝を、乳幼児にも強制している様《さま》を、あたかも賛美するような論調で続ける。これでもかとばかりに、北朝鮮を賛美する記事を、連載というかたちで垂《た》れ流したのである。いったい、どこの国の新聞かと、疑わしくなるほどの傾倒ぶりである。

現在の朝日新聞は、あの北朝鮮を賛美したことを、口を拭って語らない。しかも、得意の反日を掲げて、韓国の味方をしている。

実は、この年、4月に南ベトナムが、崩壊しているのである。当時の新聞論調には、次は韓国の独裁政権か、といったような扇動的な記事が溢れたものである。

実際、左翼文化人が支配していた日本での報道に力を得たためか、北朝鮮の金日成はソ連に使いを派遣して、南進の決意を打ち明け、援助を依頼したほどである。当時のブレジネフ書記長は大いに驚いて、止めにまわった。折しも、米ソの間では、緊張緩和《デタント》が進んでいたから、朝鮮半島に戦争を起こすことを、ソ連としても容認できなかったからだ。

朝日新聞が、北朝鮮賛美の連載を始めた理由はよく判らないながらも、こうした国際情勢の変化と無縁ではなかったにちがいない。当時、日本のマスコミは、左翼全盛だったから、一方では韓国の独裁政権（?）を糾弾《きゅうだん》しながら、北朝鮮には好意的な報道ばかりを流していた。あの読売新聞ですら、金日成著作集を刊行するほどだった時代相を抜きにしては、理解できない状況だったのである。

また、1950年代から始まる北朝鮮帰国運動には、朝日新聞ばかりでなく、多くのマスコミが協力的だった。しかも、後にノーベル賞を受賞することになる高名作家や、世界無銭旅行でベストセラーを出した人気評論家なども、帰国事業には、おおいに賛同協力していた。北朝鮮は、汚点、恥部など内部事情が外へ出にくい体制だから、おおかたの日本人は、こうした傾向を歓迎していたのだった。後に、この帰国事業に関わった人々の証言により、多くの真実が明るみに出る。

祖国建設というスローガンに踊らされ、理想に燃えて帰国した九万五千人の在日朝鮮人たちは、悲惨な運命を辿《たど》ることになる。そのなかには、朝鮮人の配偶者とともに、異国へ渡った九千人ともいわれる日本人も、ふくまれている。元山《ウオンサン》の港へ着いた途端に、日本から持参したピアノなど資産が、当局に没収されたという。後悔したものの、後《あと》の祭りで、もはや生まれ育った懐かしい日本へ戻ることはできない。在日朝鮮人たちは、帰朋《キポ》と呼ばれ差別、監視にさらされ、殺されたり、収容所送りとなったり、過酷な人生を送ることになった。しかしながら、当時は真相は明らかにされていなかった。

　こうした日本における北朝鮮賛美の報道が、やがて韓国へ流入するようになる。韓国では、反共法や国家保安法などで、北朝鮮に関する情報を禁止したり、制限したりしているのだが、密《ひそ》かに日本の出版物なども持ち込まれていた。韓国人は、反日と相場が決まっているが、その裏に日本に対する信頼、依存、劣等感、あえて言わせてもらえば甘えなどが潜《ひそ》んでいるケースも少なくない。

　個人的な体験だが、卑近な一例を挙げてみる。長距離バスのガイドさんと話していたところ、彼女は、日本には未舗装道路はないと信じ込んでいた。日本に対する贔屓《ひいき》のしすぎ、あるいは買いかぶりのような心理が働くようである。

あの日本人が、あれほど褒《ほ》めるのだから、北朝鮮は、きっと良い国に違いないと、信じ込む学生も出てくる。実際は、日本の左翼のプロパガンダにすぎないのだが、金日成が抗日義勇軍を率いて、独立を勝ち取ったとする解釈が、韓国へも浸透しはじめた。

このあたり、北朝鮮が金日成の神格化を図ったため、真実が判りにくくなっているのだが、日本統治時代に、満州（現在の中国東北地区）や朝鮮北部で活動していた金日成という人物と、後にソ連軍の軍服を着て帰国してきた人物とは別人だという解釈が、今では定説となっている。あの伝説の金日成将軍にしては若すぎるという感想が、当時、出迎えた人々の証言として記録されている。

今では明らかになっている金日成の正体

それでは、金日成を称した人物は、何者だったのだろうか。本名を金聖柱《キムソンジュ》といい、実際にはソ連領の沿海州《プリモルスカ》地方にいた人間らしい。抗日の拠点としていた白頭山《ペクトウサン》で息子の金正日《キムジョンイル》をもうけたと、のちに神話化されるのだが、これも金日成にまつわる伝説の一つにすぎない。実際には、金正日はソ連領で生まれたことが確実で、ロシア名をユーリといったとする、世話をしていたロシア夫人の証言も残されている。

金聖柱が、抗日パルチザンと関わりがなかったことはたしかだろうが、ほんものの金日成にあやかったのだろう。実際には、ソ連が手駒として用意しておいた朝鮮人部隊の一員であり、不確かな情報では、ソ連軍の訓練を受けたのち、ヨーロッパ戦線に駆り出されて、ナチスドイツ軍と戦わされたとする説すらある。

ソ連は朝鮮半島への影響力を確保するため、金日成を傀儡《かいらい》として送り込んだわけだが、金日成は、ソ連の期待以上のことをやってのける。ソ連の傀儡に甘んじているような凡人ではなかったのだ。

当時、朝鮮半島は南北に分断され、南部にはアメリカの支援の下で李承晩政権の大韓民国《テハンミングク》が成立し、北には金日成を首班とする朝鮮民主主義人民共和国《チョソンミンチュチュイインミンコンファグク》が誕生する。北は、歴史的に見れば高句麗《こうくり》の領土であり、石油以外の天然資源は豊富だが、平地に乏《とぼ》しく農業には厳《きび》しい土地柄である。これに対する南は、新羅《しらぎ》、百済《くだら》の故地であり、平地には恵まれ農業は盛んだが、天然資源には乏しい。南北が補完しあって、はじめて成り立つ国土が、分割されたのである。

北朝鮮には、日本併合に不満を抱いていた共産主義者、社会主義者が、数多く合流しているから、寄り合い所帯のような有り様だった。

南の韓国領の出身であっても、イデオロギー的な立場から、北朝鮮建国に加わった人々も少なくなかったのである。朴憲永《パクホニヨン》に代表される南朝鮮労働党（南労党）の人々は、社会主義祖国に希望を託し、北へ渡った。しかし、朴は、アメリカ帝国主義のスパイとして、やがて処刑される。また、ほとんどの南労党員が、投獄されたり処刑されたりしている。

また、中国へ亡命し、毛沢東と行を共にした延安派《ヨナンパ》と呼ばれる人々も、一大勢力だった。下手《へた》をすれば、中国の受け皿になり、金の独裁体制を脅《おびや》かしかねない。金は、巧みに動いて、やがて延安派を代表する方虎山《パンホサン》一派をことごとく粛清《しゆくせい》する。

金が、すさまじい能力を発揮するのは、延安派を一掃した返す刀で、味方のはずのソ連派の幹部も、壊滅させたときである。つまり、金がソ連の傀儡に甘んじなくなると、ソ連は別な人物に乗り換えようとするかもしれない。そこで、先手を打ってソ連派も一掃してしまったのである。やがて、朝鮮労働党の結党当時の生き残りは、一人もいなくなるという徹底ぶりだった。

しかも、その後、金日成は、折からの中ソ対立という国際情勢を最大限に利用し、中ソ双方から援助を引き出すという国家経営法を編み出したのである。ソ連が援助をしぶると中国になびく振りをし、中国が協力しないとみるとソ連にたかる。

結局、石油、食糧などは、ほとんど只《ただ》で手に入れたのである。当時、日本では、北朝鮮を支持しないエコノミストですら、計画経済だと分析していたが、社会主義は建前であって、実際は、中ソ双方を天秤《てんびん》にかけた巧みなタカリ経済だったのだ。

実際の北朝鮮は、金一族を頂点とするカルト国家のようなものである。もしマルクスやエンゲルスが聞いたら気絶しそうな、東方専制君主（ｏｒｉｅｎｔａｌ　ｄｅｓｐｏｔ）が君臨する地球上最後の古代王朝を作り上げたのである。

１９５０年、金日成は、ソ連の援助のもと、T－34スターリン戦車と、ミグ－15戦闘機の大軍をもって、南の韓国領へ侵攻を開始した。戦車も戦闘機もない劣勢の韓国軍は、あっという間《ま》にソウルを陥落させられ、敗北の一途を辿《たど》った。やがて、アメリカが主導する国連軍が組織され、北朝鮮軍を押し戻し、休戦が成った。いまだ南北は、このときのＤＭＺ（軍事分界線）を挟んで、対峙したままなのである。

北朝鮮は、祖国解放戦争と位置づけるのだが、軍事的な冒険主義が成功しなかったため、外交攻勢に出る。金日成の隠された非凡な才能は、この時点では、日本でも韓国でも知られていなかった。むしろ、あの堂々たる風貌から大人物と見做《みな》され、かつてインドネシアのスカルノ大統領の要請にこたえ、バンドン会議において大いに存在感を示した第三世界のリーダーとして、左翼人士のあいだで声望が高かった。

金日成の虚像が、日本から韓国へ持ち込まれると、予想外に大きな影響力を発揮することになる。これまで北朝鮮の実像は、軍事政権下で伏せられていたと、韓国のインテリや学生は考えていた。いわば共産主義に対する免疫がない状態で、日本経由の新しい北朝鮮像、そして金日成というヒーロー像が、にわかにクローズアップされたのである。

韓国は、日本の敗戦によって、いわば他動的に独立を回復したわけだが、北朝鮮は、金日成という偉大な指導者が抗日パルチザンを指揮して、自ら独立を勝ち取ったらしい。

真実（?）を知らされたつもりになった韓国知識人の間に動揺が広がる。もし、そのとおりだとすれば、他力本願で独立に至った韓国と比べて、北朝鮮のほうが正統ということになってしまう。竹島問題を見ても判るのだが、韓国・朝鮮民族は、主義主張が先立ち、ものごとを検証しようとしない悪い癖がある。韓国のインテリ、学生たちは、しだいに北朝鮮に傾斜していく。

こうして金日成は神格化されていった

もともと、李朝時代から伝統的に、書斎人、知識人を尊ぶ風習をもつ社会である。また、李承晩政権を倒した1960年の4・19《サーイルグ》革命は、南部の馬山《マサン》で起きた市民、学生のデモに、ソウルの高麗大学《コリョテーハク》の学生が呼応して決起したことから学生革命《ハクセンヘンミョン》とも呼ばれ、やがて全土に波及したものである。韓国社会には、学生に期待するところが多く、したがって学生に甘い社会感情が存在する。これまで、学生たちは、歴代軍事政権に反抗することが多かった。

韓国では、長らく軍事政権が続いた。しかし、これは、韓国だけの特異な現象ではない。発展途上国では、大きな組織を動かせる人間は、軍人しかいない。かつてインドネシアも同様であり、現在アフリカなど多くの国々が、同様の事情のもとに置かれている。

韓国では、歴代の軍事政権の指導者は、あの朴正熙もふくめて、慶尚道《キョンサンド》の出身者が多かった。かつての新羅王朝《シルラワンジョ》の故地である。新羅は、東洋のスパルタとも呼ばれる尚武の国で、花郎道《ファランド》という騎士道のようなモラルを備えていた。

対する全羅道《チョルラド》は、新羅に滅ぼされた百済《ペクチェ》王朝の故地であり、歴史の折々に差別されてきた。全羅道の出身者は、就職、結婚でも差別に直面していた。したがって、慶尚道、そして慶尚道出身の軍人に対する反発も大きかった。当時、ソウル・インテリの自虐的なジョークがあった。「学士より博士《ハクサ・ポダ・パクサ》、博士より陸士《パクサ・ポダ・ユクサ》」。陸士とは、陸軍士官学校のことである。つまり、博士になっても、軍人には及ばないという意味になる。

1980年代あたりまでは、こうした軍政に対する不満から、学生運動が民衆からも支持を得ていたのだが、北朝鮮に関するいわばフェイク情報が、日本経由で持ち込まれるようになると、しだいに変貌してきた。北朝鮮は、金日成に指導され、自力で独立を勝ち取ったらしい。そのことで、韓国の学生やインテリのあいだで、北に対する一種の負い目のような感情が、発生してきたからである。

密《ひそ》かに金日成の主体思想《チュチェササン》を学ぶ人々も、出てくるようになる。この主体思想の生みの親というべき黄長燁《ファンチャンヨプ》は、のちに韓国へ亡命することになる。主体思想とは、人民の名を借りて共産主義めかした体裁を整え、実は金一族を賛美する内容を、詭弁のように体系化したものにすぎない。しかし、多くの学生、インテリが、主体思想のさわりの部分だけを読んで、人民が主体だなどと、共鳴するようになる。

こうして、韓国国内にも、金日成思想、いわゆる主体思想《チュチェササン》を奉じる一派が誕生する。この主思派《チュサパ》と呼ばれる人々は、当初はそれほど多くはなかった。まだしも、韓国《ハングク》動乱《トンナン》（朝鮮戦争）における北朝鮮兵の残虐行為なども伝えられていて、しかも、日本教育を受けたバランス感覚のある知識人、政治家も、各方面で活躍していたから、北にまつわるフェイク情報が、社会全般に拡散することはなかった。前述したように、韓国は学生運動、デモが盛んな国である。学生運動に熱心な学生を称して、運動圏《ウンドンクオン》という言葉がはやったほどである。

過激なデモをやって、逮捕された大学生の息子を、親が警察に貰い下げに出向くなどという光景は日常茶飯事だったが、この時点では、まだしも思想的な背景は、それほど大きくはなかった。しかし、日本の日教組にならって、韓国でも全教組《チョンキョジョ》（全国《チョングク》教職員組合《キョチグォンチョハプ》）が組織され、しだいに左傾していくようになると、教育面からの左翼洗脳が進められるようになる。やがて、主思派が、全教組を握るようになり、教育面から韓国国民の改造が加速されるのである。

では、日帝と戦ったとされる金日成は、具体的には何をしたのだろうか。日本の左翼や北朝鮮が、一つのエポックとして称賛している事件が、普天堡《ポチョンボ》襲撃である。北朝鮮では、1937年、満州で抗日戦を展開していた金日成が国境を越えて咸鏡道《ハムギョンド》へ侵入し、普天堡《ポチョンボ》の日本軍基地を攻撃して、一個師団を殲滅《せんめつ》したとされている。この偉業は、北では国家的な記念日とされ、また普天堡の名は、北の代表的な管弦楽団の名としても採用されている。

しかし、実際の歴史は、大きく異なる。当時、日韓は併合していたわけであるから、日本側に正確な記録が残されている。満州国境から侵入した匪賊《ひぞく》が起こしたテロ事件なのである。山地の寒村にすぎない普天堡には、日本軍の基地などなく、派出所があっただけである。辺地では、派出所が民生相談など、地域の中心となっていたことは、本土でも朝鮮でも変わらなかった。今も、韓国では、韓国音に読み変えて、派《パ》出所《チュルソ》として使っている。

匪賊の一味は、この派出所の巡査を殺害して、一部住民にも危害を加えた上、略奪して去ったというのが、真相のようである。しかも、このテロ活動が、はたして後の金日成を名乗る男によって、主導されたかどうかすら定かではない。ソ連軍の軍服を着た金日成が帰国する十年近くも前の出来事である。もし、そうだとすれば、金日成は、たかだか二十歳《はたち》そこそこで匪賊の頭目《とうもく》だったことになる。

ともあれ、このテロ活動が、北朝鮮の建国後に、途方もない偉業であったかのごとく神話化され、韓国にも巨大な影響を及ぼすことになる。金日成が、日帝《イルジェ》と命がけで戦っているあいだ、今日の韓国領にいた人々は、何をしていたのだろうかと、韓国人は自問自答しはじめる。唯々諾々《いいだくだく》と日帝に従っていたとすれば、惨《みじ》めなことになる。

そこで、韓国人も頑張ったのだが、あまりにも日帝が悪逆《あくぎゃく》非道《ひどう》すぎたため、抗《こう》しがたかったという理由づけが行なわれるようになる。

韓国に対して拙劣だった日本側の対応

共同通信ソウル支局長だった黒田勝弘氏が、〈がんばった史観〉と名付けたように、韓国人も頑張ったには違いないが、あまりにも相手が悪辣《あくらつ》すぎたという解釈のもとで、自分たちのプライドを守ろうとするのである。こうした韓国人に特有の歪《ゆが》んだ史観から、韓国における日本人像が、しだいに醜悪に歪められていく。日帝は、あくまで残虐非道、悪逆無比でなければならないことになり、実像とかけ離れたものに変わっていくのである。

ただ、実際に日本統治時代を知る人々が健在だったあいだは、いちおうのブレーキがかかっていたのだが、その世代が社会の一線から退くとともに、日帝の虚像が次第に現実離れした奇怪なものに歪曲されていく。

天安市《チョナンシ》にある独立記念館《トウンニプキニョングアン》へは、耐えがたい不愉快さを我慢しながら、二度ほど訪れたことがある。国家主導で、日本帝国主義（?）を弾劾する目的で造られた施設である。国を挙げて、日本に対するヘイト・メッセージを発信している。第一展示館は、先史時代の遺物なども展示され、それなりに民族心を涵養《かんよう》する効果もあるだろうが、以後の各展示館は、さながら日本に対する憎悪を煽っているような展示の仕方である。

日帝官憲による実物大の拷問ジオラマなど、凄惨《せいさん》な展示が氾濫《はんらん》している。まったくのフィクションであることもさることながら、こんな猟奇的な施設を造ることに、誰も反対しなかったのだろうか。記念館の敷地内は、それぞれの展示館へ行く広場になっているが、中高生ばかりでなく、初等学校（日本の小学校）の学童の姿も、たくさん見かけた。反日以前の問題として、子供たちに、教育上よろしくない影響を与えるとは、思わなかったのだろうか。これを観《み》て育った子供たちの中には、やがて猟奇的な犯罪に走るものが現われるにちがいない。

韓国人は、口を開けば、日本人の歴史認識を問題にしたがる。しかし、歴史認識に問題があるのは、日本人ではなく、韓国人のほうである。いったん、日本を悪と決めたからには、遡《さかのぼ》って検証しようとしない民族性なのである。しかも、個人的にも国家的にも、他者からいささかでも被害を受ければ、針小棒大に言い立てて相手をあげつらう文化だから、反日が拡大再生産されるばかりで、収まるどころかＳＦ作家のイマジネーションも顔負けのフィクションの域にまで、アウフヘーベンしてしまうから、まったく始末に負えない。

これに対する日本側の対応は、これまで拙劣の極みだった。ずっと、韓国の顔を立てるような玉虫色のメッセージしか発してこなかった。いわゆる従軍慰安婦問題でも、河《こう》野《の》洋《よう》平《へい》氏が、非を認めたようなかたちで、いわゆる河野談話を発表したことが、かえって火に油を注ぐ結果になっている。現在の河野外相は、父親に似ず、がんばっておられるから、この際、父親に頼んで、あの談話を撤回してもらうことはできまいか。そうすれば、日本側の立場が、ずっと強化される。日本の政治家もマスコミも、韓国の反発を恐れて、歴史の真実を語ってこなかったことが、大問題なのである。これに日本の文化ジャーナリズムの世界を支配してきた左翼思想が、バイアスをかけてしまうから、誰も真実を語れなくなっていた。

かつて、江藤隆美《えとうたかみ》という剛直な政治家がいた。エリートの多い政界にあって、農林専門学校卒という学歴で、農民と自称していたが、しばしば問題発言が、物議をかもした。1910年の日韓併合に関しては、「両国が調印して、国連（？）が無条件で承認した」と発言したものである。当時、まだ国連どころか、国際連盟すら存在しなかったから、杜撰《ずさん》と言えば杜撰な発言だが、朝鮮側の宰相に当たる李完用《イワニヨン》が調印しているのだから、国際的に有効な条約だった。韓国では、その独善的な史観から、日韓併合無効論が盛んだが、国際的に認められた条約である。

一つ提案だが、李完用の銅像を東京の韓国大使館の前に建てて、朝鮮近代化、日韓親善に尽くしたと記銘するのは、どうだろうか。外交とは、時に相手の嫌がることも、やらなければならないもので、韓国・朝鮮人のお家芸だが、日本人に欠落している視点である。

話が横道にそれた。江藤の発言のうち、最も物議をかもしたものに、以下の主張がある。1995年、社会党の村山富市《むらやまとみいち》首相が誕生するというネジレ状態の中で、日韓併合は強制的なものだったとする首相談話に反発した江藤は、「植民地時代に、日本は悪いこともしたが、良いこともした」と発言した。再三述べているように、日韓併合は併合であって、植民地として経営したわけではないが、むしろ反省史観ともいうべき発言であり、問題にするほうがおかしい。ところが、一部マスコミと、韓国での報道で、歪められて伝わり、炎上してしまった。「良いこともした《チヨウン・ゴッ・ト・ヘッタ》」という部分が「良いことをした《チヨウン・ゴッスル・ヘッタ》」と書き換えられて報道されたことに、日本の左傾マスコミと、韓国側が、まるで鬼の首でも取ったかのように、すぐさま飛びついた。江藤の発言のうち、悪いこともしたと認めているあたり、日本人特有の反省史観であり、なんら咎《とが》められる理由もないはずだが、一部だけ切り取り、書きかえるという、左翼マスコミの常套手段によって、国際問題に発展してしまったのだ。そのため、江藤は、辞任するに至った。

一事が万事、日本側の対応は、反省史観に基づく言説しか許されない状態で、いわば自主規制していたから、謝罪するたびに日韓関係が悪化していくという奇妙なスパイラル現象が発生し、今に至っている。

在日韓国・朝鮮人に対して、なにか嫌がらせのような事件が起こると、日本人は生まれついての自省的な国民性から、日本人全体の責任であるかのように受け止め、反省したり謝罪したりするが、これが良くない。ヘイトスピーチをする輩《やから》は、どこの国にも存在するし、それに対する過剰反応も起こりやすいのである。

たとえば、アメリカでは、白人至上主義者が、黒人差別で問題を起こすことが少なくない。それに対する反発から、ルイジアナ州では、南軍の英雄リー将軍の銅像の撤去にまで発展したが、これは歴史を知らない過剰反応だろう。ロバート・E・リー将軍は、ウェストポイント士官学校を優秀な成績で卒業し、北軍からも誘われていたが、故郷の南部のために戦った英雄である。たしかに南部連合は、奴隷制を支持していたが、リー将軍個人は、もし資産家なら南部の奴隷を買い占め、解放するという言行を残している。南北戦争は、かならずしも奴隷制だけを争点にして勃発したわけではない。白人至上主義に与《くみ》しない南部人も少なくなかった。あくまでヘイト行動は、一部の人々の仕業であって、どちらの側にも、時に行きすぎが起こりうるということである。

日本人が、一部の日本人による韓国・朝鮮人に対するヘイトスピーチを、日本人の全体責任のように受け止めるのは、民族的な優しさと言えば美徳のように聞こえるが、かえって国を誤らせる結果になりかねない。

要は、その本人を特定して、それに該当すると判断されたら罰すれば良い話である。しかも、最近では、地方自治体にまで、ヘイトスピーチを禁止する条例化が進行しているが、不用意に実現すれば、大きな危険を伴う。はっきり定義することなく、ヘイトスピーチを禁止することは、韓国批判を封じることにつながり、いわば言論の自由を奪う事態にも発展しかねない。あくまで現行法で対処すべき事案である。

今や、韓国も北朝鮮も、国を挙げて、日本人に対するヘイト行動を展開している。こちらとしても、日本国の尊厳を守るためにも、しかるべき手段を講じなければならない。

現在の韓国人にとって、反日とは、言葉は悪いが、マスタベーションのようなものである。マスタベーションであるからして、妄想に浸《ひた》ってするほうが、快楽が増すことになる。

これを止めさせることは、容易ではない。止めさせるには、反日が手痛い代償を伴うことを、強引に知らしめなければならない。河野外相は、日韓関係を破綻させるとして強硬に抗議を示すなど、よくやっていると言うべきだが、韓国相手では、これでも手ぬるい。激情の民族だから、韓国人は、気に染まない事態に直面すると、激怒するか、あるいは激怒した振りをする。そうしないと怒りのメッセージが伝わらないのである。

何でも都合よく解釈するのが、韓国人の「幸せ症」

その一方、韓国人には、「幸せ症」（Euphoria《ユーフォリア》）のような気質がある。過酷な歴史の後遺症のようなものだろう。前向きといえば、たしかにそうも言えるのだが、何でも自分に都合よく、良いほうにしか解釈しないのである。李氏朝鮮の五一八年間に及ぶ統治は、朝鮮社会を回復しがたい惨状へ追いやってしまった。そのため、悲惨すぎる歴史を直視できず、都合のよい解釈に浸るほうが、精神衛生上も好ましいとする国民性を生み出したのである。こうした特異な民族を相手に、穏やかに抗議したくらいでは、しぶしぶながら日本側が納得したくらいにしか受け止めない。

わたしと同時期に、同じ東京・笹塚《ささづか》の朝鮮語教室で、韓国語の勉強をスタートした黒田勝弘氏は、ソウル在住数十年のコリアウォッチャーとして、わたしなど足元にも及ばない経験と知識を備えておられる。黒田氏は、日本側の怒りが韓国に伝わっていないことに危惧を抱いておられるが、まさに同感である。俗に〈カエルの面にションベン〉というが、これはいっこうに堪《こた》えないことの譬《たと》えである。

　韓国・朝鮮の文化、国民性は、まさに日本やアメリカの対極にあるものだから、日本式のアプローチは、まったく通じないのである。最近はやりの忖度《そんたく》は、韓国人の辞書にない行動原理（behavior《ビヘイヴィアー》）である。根回し、肚《はら》芸、玉虫色、理外の理、言外の言なども、まったくの一方通行で、韓国相手では、からっきし通用しない。脅しつけるつもりで、決め付ける以外に、こちらの怒りを悟らせる方法がない。そこまですれば、しこりが残ると、日本人は考えがちだが、韓国では、事《こと》を荒立てないと、かえってしこりが残るのである。

　相手の弱点に乗じるのが、韓国流である。たとえば、福島の原発事故に対して、最も冷酷な国が、韓国であることを、多くの日本人が理解していない。

当の福島産品ですら、個別の安全検査の結果、問題がないと判明したにもかかわらず、いまだに、原発とは何ら関係のない群馬県を含む九県の産品に、輸入禁止を行なっている。こういう場合、日本側としても、なにかの報復（retaliation）を試みないと、事態は改善しない。日韓関係を好転させるためには、逆説めくが、日本側としても、相手の嫌がることをするしか方法がないのである。さもないと、日本側の怒りが、韓国には伝わらないのである。

これまで、韓国の顔を立てるようなかたちで、玉虫色の解決を図ってきたことが、ボタンの掛け違いの始まりである。韓国は、日韓基本条約、慰安婦合意などを破棄するかのような暴挙に出た。それなら、こちらから破棄すればよい。日本統治時代のインフラ整備など、膨大な請求権が、日本側に蘇ることになる。

また、慰安婦に関しては、民間の売春業者が軍を相手に営業していたことであって、いっさい日本政府は関与していなかった。この事実を、突きつけるべきである。そして、戦時徴用の制度は、内地では昭和十八年から、朝鮮には事情を配慮して昭和十九年から、適用されたものであって、それ以前には存在しなかった。新日鉄住金を提訴した今回の韓国人は、それ以前の応募だというから、徴用には該当しない。本人の自由意志で募集に応じてきた労働者というわけで、しかるべき報酬も得ている。これまた日本政府は、関与していない。

また、韓国人が好む強制連行《カンジエヨネン》という言葉そのものが、当時は存在しなかった。『朝鮮人強制連行の記録』という著書のなかで、北朝鮮系の朝鮮総連の活動家朴慶植《パクキヨンシク》氏が、プロパガンダとして創作した単語である。以後、強制連行という言葉だけが、史実を無視して独《ひと》り歩きするような状況が続き、今に至っているのだ。

こうした史実を放置して、教育の場で教えてこなかったことも、事態を悪化させた原因である。日本人も、理論武装して、韓国の反日攻勢に対抗しなければならない。

今、日本人が韓国の対日ヘイト政策に対抗するため取るべき手段は、これまでの弥《び》縫策《ほうさく》（とりつくろい）のようなアプローチをすべて廃して、強硬に史実を突きつけること以外にない。

第二章

対日戦に備える韓国・北朝鮮

韓国にとっての主敵は、北朝鮮から日本に移った

韓国の日本に対する敵意、ヘイト行為などが、日に日に増大しつつある。

こうした反日行為の裏には、韓国の国力の拡大がある。韓国のGDPは、世界十一位まで達した。このところの不景気で、やや落ちて、十二位まで下がったが、これに対して、しきりに悔《くや》しがるマスコミの論調が見られた。

それでも、韓国のGDPは、ロシアと入れ替わっただけで、前年まではあの巨大なロシアより大きかったのだ。軽く百倍以上の国土を持ち、石油・石炭から、はてはダイヤモンドに至るまで、天然資源に恵まれたロシアが、かつての二大超大国の座から転落して、韓国と同程度のGDPしか稼ぎ出せないとは、政治、経済のシステムが悪いとしか思えないのだが、なぜかプーチン大統領の人気は衰えない。

韓国が、反日を強化してきた背景には、国力、軍事力の増大があるのだが、この事実が、日本では見過ごされている。北朝鮮の平和攻勢に乗せられている現在の韓国を見て、平和的になったと安易に即断するのは危険きわまりない。日本としても、慎重に見極め、対応を考えないと、国を誤ることになる。

このところ、ＤＭＺ（Ｄｅｍｉｌｉｔａｌｉｚｅｄ　Ｚｏｎｅ＝非武装地帯・軍事分界線）では、韓国側の見張り所の撤去に続いて、北側の監視哨が派手に爆破されるなど、平和を装うパフォーマンスが行なわれている。しかし、それは、文左翼政権の南北融和のパフォーマンスにすぎない。韓国が軍備を削減しているわけではない。むしろ、毎年増強に走っている。

韓国では、長い間、主敵《チュチョク》という言葉が、使われてきた。韓国人は、回りくどい表現をしない。たとえば、日本で優先席と書いてあれば、老人、障害者などの優先席ということが、説明しなくても伝わるのだが、韓国では、そのものずばり老弱者席《ノヤクチャソク》という表示が、ハングルで書いてある。その伝で、主敵という明らさまに敵意を示す用語を使うことも躊躇《ためら》わない。日本は、気配り、思いやりの文化だから、戦前に使われた仮想敵国という表現すら相手を傷つけるかもしれないと配慮して、防衛対象国と呼び換えてきた。

これまで、韓国が主敵と呼んできた相手は、ずっと北朝鮮だった。だが、この状況が変わりつつある。

韓国は、前の朴政権以来、軍拡に努めてきた。そもそも韓国軍の軍備は、もともと北朝鮮に対するものだった。一国の兵器体系（Ｗｅａｐｏｎ Ｓｙｓｔｅｍ）というものは、どこの国を仮想敵国とするかによって、構築されるものである。

かつて、日本は、広い太平洋を舞台にアメリカと戦う場合を想定し、世界で初めて設計段階からの空母を就役させた。当時、空母艦隊を運用できたのは、日米だけだった。ナチス・ドイツも、日本の技術援助で空母グラフツェッペリンを建造したものの、竣工しなかった。また、イギリスは、空母を保有することはしていたが、艦載機が劣弱すぎて、とうてい日米とは、比べものにならなかった。ソ連に至っては、戦後ナチスの技術、つまり日本の技術の孫引きで、空母の建艦にとりかかったものの、飛行甲板に穴があくなど、事故続きで断念するに至った。当時の日本のＧＤＰは、アメリカの十分の一に過ぎなかったとする試算がある。それでも、血の出るような努力で、高価な空母艦隊の建艦を続けたのは、それだけ戦略上の必要性があったからだ。

韓国軍は、６２５《ユギオ》に始まる韓国動乱で、北朝鮮の電撃作戦に痛めつけられた経験から、以後、北を主敵として、軍備の拡充に努めた。たとえば、空軍だが、動乱の当時、韓国軍には、セスナに似た高翼単葉《こうよくたんよう》のライカミング連絡機がわずか装備されているだけだった。北朝鮮のミグ戦闘機には、とうてい敵《かな》わなかった。

アメリカ軍ですら同様で、よもや北朝鮮が最新鋭のジェット戦闘機ミグ‐15を投入してくるとは予想もしていなかった。ミグ‐15では、養成途上の北朝鮮操縦士ばかりでなく、ソ連のパイロットも参戦していたことが、後に判明する。

日本爆撃に猛威を振るった超重爆B‐29や、大戦末期にゼロ戦を苦しめた戦闘機F‐51などのレシプロ機（プロペラ機）は、とうていミグ‐15の敵ではなかった。

ゼロ戦は、世界で初めて20ミリという大口径機関砲を搭載した。そのため、アメリカは、軍用機の防弾に力を入れたのだが、ミグ‐15の37ミリという対戦車砲に匹敵する機関砲の威力には通用しなかった。あの〈超・空の要塞〉B‐29ですら、一発で木端微塵になったという驚くべき破壊力だった。

遅ればせながら、アメリカも最新のジェット戦闘機F‐86セイバーを投入することによって、ようやく劣勢を挽回できたのである。動乱後、韓国は、航空戦力の増強に努めた。北朝鮮のミグ戦闘機に対抗するためだが、ろくな工業力もない段階では、難しい課題になった。そこで、アメリカのF-5フリーダムファイター戦闘機が採用された。アメリカ本国では制式化されなかったが、途上国向けの整備しやすい機体が特徴だからである。

一方、北朝鮮の戦闘機も、ミグ戦闘機の系列が進化している。ちなみに、ミグ――ミコヤン・グレヴィッチ工廠《こうしょう》は、ソ連の有数の戦闘機メーカーで、その型式には奇数ナンバーしか存在しない。ミグ-15、17、19、21、23というふうに、各世代の新鋭機が、次々に供与されている。金日成が、その類稀《たぐいまれ》な才能を発揮して、折しも険悪な関係だった中ソを手玉に取って、ソ連からせしめたものである。現在も、北の空軍の主力は、ミグ-21で、数百機に上るという。米軍は、このミグ-21に皮肉なコードネームをつけた。フィッシュベッドという。日本でも細長いものを、ウナギの寝床と呼ぶが、英語でも同じ発想をするらしい。また、可変翼《かへんよく》のミグ-23が、四十機ほどあるが、それ以降の主力戦闘機は、供与されていない。これには、1991年のソ連崩壊が、大きく影響している。かつての超大国も、北朝鮮の面倒までは見きれなくなったからだ。

その間に韓国は、高度成長を達成し、経済的にも大きく北朝鮮を引き離し、軍事的な増強を始めるのである。日進月歩の軍事技術の変化の中で、北のミグ−21が、旧式化していく一方、韓国空軍は、最新のF−16ファルコン（鷹）戦闘機をKD《ノックダウン》できるまでに成長し、北を凌駕することに成功した。

在日韓国人を頼った、北朝鮮の工作

北朝鮮も、手を拱《こまね》いていたわけではない。かつてのように只《ただ》同然で、兵器を手に入れられるわけではなくなったから、乏しい外貨を割いて、ミグ−29を十数機ばかり購入したものの、下方監視《ルックダウン》レーダーもついていない初期型でしかなかった。韓国空軍のパイロットは、旧ソ連圏から離脱した東欧諸国に配備されていたミグ−29に試乗して、その弱点などすべての情報を入手してしまった。

海軍に関しても、もともと北朝鮮が、韓国を凌《しの》いでいた。金日成の南進統一の野望から、旧式ながら上陸用舟艇《しゅうてい》などのほか、ミサイル艇、フリゲートなど、多くの艦種を取りそろえている。なかでも、長いあいだ韓国に装備されていなかった艦種が、潜水艦である。北朝鮮は、ゲリラ、工作員などを上陸させるため、見つかりにくい潜水艦で、韓国や日本の沿岸に接近する方針だった。

実際、60年代から70年代にかけて、北朝鮮が派遣したゲリラが、東海岸の江陵《カンヌン》や蔚珍《ウルチン》に上陸し、住民を殺傷する事件が頻発している。ゲリラたちが、住民に対して、アジびらのような文書を配った例も報告されている。日本国内などで、朴正熙の圧政（?）が誇大に報道されているのに力を得て、住民がゲリラに呼応すると誤解したらしい。しかし、ゲリラの呼び掛けに応じる住民がいないため、いらだったゲリラが暴行や虐殺を重ねた。

今、記念館が建てられているが、李承福《イスンボク》少年は、「共産主義は嫌いだ《コンサンチュイ・ヌン・シロヨ》」と答えたため、口を切り裂《さ》かれてから惨殺されたという。この件に関しては、左翼政権の樹立とともに、朴正熙時代の反共政策から、でっち上げられた事件だとする報道も起こった。めったに事実を検証しようとしない韓国社会では、主義主張が優先されることが多い。しかし、実際の記録が残っていたことから、この件は事実と認定され、名誉棄損ということに落ち着いた。

また、北朝鮮の潜水艦は、日本への工作員派遣にも使われている。新潟から秋田、青森にかけての海岸には、夜間には無人となる浜辺が少なくない。そこで、潜水艦からゴムボートを降ろして、工作員が密入国する。密《ひそ》かに上陸した工作員は、かねてから連絡しておいた在日朝鮮人を頼る。

これまた周到に準備された工作である。在日朝鮮人は、北を故郷とする人が少なくない。そこで、北朝鮮にいる親類縁者の写真など見せて、巧みに巻き込んで協力させる。朝鮮語では、取り込むことを、包摂《ポーソプ》という。北の工作員に包摂された在日朝鮮人を土台人《トデーイン》と呼ぶ。こうして、日本国内に着々と足場を固めた北工作員が、拉致問題などを引き起こすことになる。

韓国沿岸の場合は、３００トンほどの鮫《サンオ》級という小型潜水艇が使われることが多いが、日本海の荒波を横断するとなると、大型の航洋型でないと難しい。そこで、第二次大戦中のソ連のモデルを中国で建造したロメオ級という１８００トンクラスの大型潜水艦が用いられる。元山《ウォンサン》に近い楽園《ナグオン》海軍基地には、二十数隻のロメオ級が、待機しているという。しかし、第二次大戦時代の旧式な潜水艦は、いちおうはシュノーケルがついているものの、騒音が激しく、しかも長くは潜《もぐ》っていられないから、たやすく探知されてしまう。対潜作戦の性能を磨いてきた海上自衛隊には、とうてい対抗できない代物《しろもの》である。

しかし、旧式ながら北の潜水艦が、ゲリラ的に事件を引き起こすことがある。2010年、韓国哨戒艦天安《チヨナン》が、沈没した。左傾した韓国マスコミは、北の仕業だと認めなかったが、天安の艦体を引き揚げ、米軍と共同調査した結果、自沈した形跡はなく、北の潜水艦、おそらく鮫《サンオ》級の魚雷攻撃によるものと判明した。

陸、海、空軍とも圧倒的有利な立場にある韓国

北の潜水艦の跳梁跋扈《ちようりようばつこ》に手を拱いていた韓国だが、1990年代に、西ドイツ（当時）のTNW（Tyssen Nord Werke）社から、1200トン規模の潜水艦を購入し、以下の同型艦をKD《ノツクダウン》するようになった。一番艦は、張保皐《チヤンポゴ》と命名された。張保皐は、黄海《こうかい》を舞台にして、韓中を往来して活躍した新羅の提督の名で、テレビの大河ドラマ『海神《ヘシン》』の主人公にもなっている。詳しくは拙著『本当は怖

い韓国の歴史』（祥伝社）を参考にされたい。

北朝鮮海軍は、ミサイル艇、魚雷艇など、小型艦艇を多数保有している。これらの艦艇は、しばしば西方の海域で、韓国海軍と小競り合いを繰り返してきた。北の瀬戸際戦略のためだが、これに対する韓国側の反応は鈍い。例を挙げれば、２００２年、韓国の哨戒艇が北警備艇の砲撃を受けて、死傷者が出た。この時、北が使用した砲が、軍事関係者のあいだで話題になった。

この85ミリ砲だが、さすがに旧式化して、使い物にならなくなったT－34スターリン戦車から、取り外したものらしい。おそろしく物資に乏しい北朝鮮は、兵器に関しても、いわば廃物利用を行なっているのである。それにしても、荒波の中、旧式な戦車砲を目測で操作して、韓国哨戒艇の艦橋に命中させたのだから、北兵士の練度は低くない。兵器は旧式だが、奇妙な精神主義から、命中精度に関しては、かなり熟練しているらしい。

戦死した若い尹永夏《ユンヨンハ》艇長の葬儀では、多くの国民が涙を流したものの、折しも北朝鮮に対して太陽政策を実行していた金大中政府は、冷ややかだった。戦死者の遺族の中には、薄情な母国に見切りをつけて、米国へ移住した者もあったという。

陸軍でも、動乱以来、北朝鮮の圧倒的な優位が続いた。38度線を越えて、スターリン戦車の大軍が南下するや、戦車も戦闘機もない韓国軍は、敗走を重ねた。国連軍の参戦によって、北朝鮮軍を撃退し、北の領内ふかく侵攻したものの、今度は中国軍の人海作戦によって、またもや押し戻された。中国軍の人民委員が、退却する兵士を、後ろから射殺したという。動員された不幸な兵士は、進むも死、退くも死という、悲惨な状況に置かれていたのである。撃ち殺しても撃ち殺しても、次々と押し寄せてくる敵兵に、アメリカ軍の機関銃手が発狂したというほどの激戦になった。

朝鮮戦争以来、北朝鮮のMBT（主力戦闘戦車）は、金日成が例の才能を発揮して、中国やソ連から、只《ただ》同様で手に入れた機種だった。ソ連も中国も、旧式化した戦闘機や戦車を、退役させせない。いざというとき、敵の初弾を撃たせる目標とし、捨て石にするためである。動乱の際、猛威を振るったT－34は、さすがに現役を引退したと思われていたが、金正恩《キムジョンウン》体制になってからも、一度だけ軍事パレードに登場したことがある。ソ連製ばかりでなく、中国でKDされたものもふくめて、T－54、T－55も数多く使われているが、まったく電子化されていない旧式兵器で、ものの役に立つとも思えない。

ソ連製のモデルでは、T-62が大量に使われているが、これも旧式化している。ライセンス生産したモデルを、天馬号《チョンマホ》と命名して、国産だと称しているものの、以後のモデルは、中ソ対立、ソ連崩壊という時代の波にもまれ、わずかにT-72が、十数輛あるだけである。

北朝鮮の最新戦車T-72は、イラク軍の主力で二千輛という数を誇ったが、アメリカのM-1エイブラムス戦車と戦い、鎧袖一触《がいしゅういっしょく》ですべて壊滅し、敵戦車を一輛も倒せなかったことで知られる。エイブラムス戦車の損害は、ミスによる同士討ちで出たものだけだったという。四千輛といわれる北戦車の実態は、目測で砲塔を動かし射撃する、測距儀《そっきょぎ》もFCS（射撃管制装置）も装備されていない旧モデルばかりである。もちろん、新世代の戦車には必須とも言うべき、自動装填装置などは付いていない。

対する韓国陸軍は、旧ソ連製だけでも、遥《はる》かに新しいT-80戦車軍団を保有している。これには説明が必要だろう。旧ソ連崩壊後、好景気に沸《わ》いていた韓国は、新生ロシアに対して、三十億ドルの借款を提供した。しかし、その後、ロシアは凋落《ちょうらく》の一途《いっと》を辿り、経済が回復しないままで、返済能力がない。ロシアが輸出できるものは、天然資源を除いては、兵器しかない。そこで、ロシアは現物返済の一環として、戦車や装甲車などで、返済したのである。同じソ連製でも、北朝鮮のものより遥かに新式の戦車を、韓国軍が保有しているという皮肉な状態にある。

韓国陸軍の戦車は、自衛隊と同様、M－41ウォーカーブルドッグ軽戦車、M－48パットン重戦車など、アメリカの機種を供与されたことから始まった。だが、しだいに力を付けてきた韓国は、戦車の国産化を図り、K－1（88式《パルパルシク》）戦車を配備した。自衛隊の74式戦車と同じく105ミリ・ライフル砲を備えている。

北朝鮮の戦車は、旧式ながら、120ミリを超える口径の主砲を備えているが、攻撃重視の設計のため、装甲は、それほど厚くないから、105ミリ砲でじゅうぶん撃破できる。ただ、まぐれにもしろ、北戦車の大口径砲が命中した際、大きな被害が出るから、装甲を厚くしたため、重量が50トンを超えるものとなった。日本の74式の30トン台と比べると、鈍重な感じがする。K－1は、FCSなど最新の電子装備を持っている。もし、夜間に戦えば、どれほど大量の北戦車でも、あっという間《ま》に壊滅させられるだろう。

こうして、かつて北の電撃戦に手も足も出なかった韓国軍は、海軍、空軍と同じく、陸軍でも圧倒的に有利な立場に立つに至ったのである。北朝鮮は、通常の軍事力では、まったく韓国軍に歯が立たない状態に転落した。

劣勢に立つ北朝鮮が頼る手段は？

北朝鮮の軍事力が、核、ミサイル、特殊部隊などに特化するのは、通常兵力では、韓国軍の足元にも及ばないと悟ったからである。アメリカなどは、北の軍事力を過大評価しているようだが、どうしようもない状態に陥っていると言えよう。やっとのことで手に入れた初期型ミグ-29にしても、燃料不足から訓練ができず、どうにか飛ばせるパイロットは、わずか数人しかいないという証言もある。韓国軍のF-16相手では、とうてい格闘戦など不可能である。

また、旧式戦車の稼働率は極めて低く、軍事パレードの際、エンストして隊列から離れる戦車を見込んで、沿道の建物に臨時車庫を設け、スペアの戦車を待機させているという噂もある。また、アメリカのB－1爆撃機が、領空侵犯した際は、まったく気づかなかったほどで、旧式レーダーの防空能力が、ほとんどゼロに等しいことも証明されている。潜水艦ミサイル発射を、大々的に宣伝したが、いかにも近代的に見える艦橋は、いわば張りぼてで、その正体は旧式なロメオ級を改装したものにすぎない。

ただ、狙撃手、砲手などの能力は、低くないようである。主体思想という疑似宗教のような精神主義は、集中力を高める効果はあるらしい。中国でも、文化大革命のころ、毛沢東思想を信奉することで、銃や砲の命中率が上がったそうである。しかし、毛思想になじまないとして、海軍や空軍のエリート幹部で、粛清される者が少なくなかったという。いくら毛思想を信奉したからといって、軍艦や軍用機が、カタログスペック以上の性能を発揮するわけではないからだ。

北朝鮮も、通常兵力の劣勢は、よく承知している。先に挙げた核、ミサイルに特化するばかりでなく、なんとか劣勢を挽回しようと努力している。北朝鮮の特殊部隊は、実に十万人という規模に上る。各国ともに、暗殺、破壊工作など、大っぴらにしにくい任務に当たる特殊部隊を備えているが、名目上は秘匿《ひとく》している。旧ソ連でも特殊部隊《スペツナズ》は海軍歩兵部隊《モルスカ・ペホータ》に所属していた。あくまで、アメリカで言えば海兵隊《マリーン》のような部隊だと、対外的には思わせておきたかったのだ。

しかし、北朝鮮は、十万人という規模の特殊部隊を堂々と（？）公表している。DMZで見学したことがあるが、北朝鮮側から掘られた秘密トンネルが発見され、一般に公開されている。このトンネルを通って、韓国軍の軍服を着た特殊部隊を韓国領へ送り込む計画なのである。

また、サイバー部隊によって、韓国の市場を混乱させたこともある。南北で緊張状態が発生すると、市場が反応するという資本主義の弱点を、じゅうぶん認識しているわけだ。加えて、美女スパイの養成にも、力を入れているらしい。朝鮮半島では、昔から南男北女《ナムナムプンニョ》と言われ、北のほうが美人が多いとされる。美女スパイを潜入させて、韓国や外国の要人を甘い罠《ハニー・トラップ》にかけようというわけだ。

韓国側も、かつては軍事面だけでなく、こうした非正規活動に対しても、おおさ警戒を怠らなかった。1970年代、ソウルの街を歩くと、あちこちに「間課中告は113番《カンチヨプシンゴ・ヌン・イルイルサムポン》」と書いてあった。間諜《かんちょう》とは、古い言葉でもはや死語かもしれないから解説しておくが、スパイのことである。北朝鮮のスパイを見つけたら、通報しろということで、たしか五千万ウォンの賞金も定められていた。スパイを摘発すれば、当時のレイトで何百万円か報奨金が貰えるわけだった。

当時、発覚した北のスパイの見分け方が、面白かった。ジーンズにアイロンを当てていた男が、怪しまれて逮捕されたという。また、鉱物性の嫌な臭いのポマードが、スパイ発覚の原因になったことがある。当時ですら、韓国は、男女ともに身だしなみには見栄をはる社会だった。アモレ化粧品《ファジャンプム》など、多くのメーカーが、しのぎを削っていたから、そんな劣悪な臭いのするポマードなど、誰も使わないことを、北のスパイは知らなかったのである。

対する北朝鮮も、ソウルの街角を模《も》した訓練施設など造り、潜入させる工作員の養成に努めていたという。それでも、南の繁栄ぶりを知らない北の工作員は、ジーンズにアイロンを当てるなど、つまらないミスで正体を露《あら》わしてしまうことが多かったらしい。

しかしながら、現在の韓国は、北朝鮮に対しては、軍事面、情報面で、すっかり警戒を解いてしまった。

韓国が軍の装備を充実させ続ける真の目的とは？

では、北朝鮮は変わったのか。まったく変わっていない。韓国領の延坪島《ヨンビョンド》に向けて、いきなり砲撃を開始して、数人の死者を出したのは、つい最近、２０１０年のことである。

これに対して、韓国は、どう対応しているのだろうか。サイバーテロへの対策や、離島防衛や、防諜対策など、するべきことが山積しているはずだが、そうした面での変化は、ほとんど見られない。

韓国は、不必要なくらい、正面装備の向上だけに力を注《そそ》いでいる。たとえば、K－1戦車の後継機種も、すでに開発されているが、K－1の既存モデルにも、大改装を施している。なんと主砲を、換装しはじめたのである。これまでの１０５ミリ砲を、

120ミリ砲に、載せ換えている。前にも述べたように、北朝鮮の戦車で、105ミリ砲によって撃破できないモデルは、一輌も存在しない。

最近の戦車砲は、HEAT《ヒート》弾といって、ガスジェットの高熱で敵戦車の装甲を溶《と》かして突き破り、乗員を焼き尽くすシステムを採用している。矛《ほこ》と盾《たて》の譬え話のようだが、各国ともにHEAT弾に対する対策を講じている。最初は、内部を空洞にした二重装甲を採用したものの、それでは充分でない。そこで、二重にした装甲のあいだに耐熱性セラミックをサンドイッチにする複合装甲が採用されているが、構造の詳細は各国とも軍事機密としているから、公開されていない。

しかし、北の戦車は、すべて二重装甲にもなっていない旧式な砲塔を用いている。日本で言えば、四十年以上も前の制式戦車74式に採用されている、敵の弾丸を斜めに弾《はじ》く被弾経始《ひだんけいし》という設計があるが、HEAT弾を防ぐことはできない。北戦車のほとんどは、それ以前の状態である。

韓国陸軍にとって、戦車の120ミリ砲は、まったく不要である。大砲の口径を大きくすると、当然ながら車体重量も増加するし、弾丸も大きく重くなる。その結果、携行弾数《けいこうだんすう》が減ってしまう。Ｋ－１戦車の場合、１０５ミリ砲のモデルは、47発の主砲弾を運べるが、１２０ミリ砲のモデルは、32発しか運べない。三割以上も弾数が減ってしまう。戦場で弾丸がなくなれば、致命的である。しかも、数だけは多い北の戦車を、手っ取り早く片付けなければならないから、速射性が重要になるが、主砲を大きくすれば速射性が損《そこ》なわれる。

　そもそも兵器というものは、家電製品と異なり、多機能や過剰品質は、要求されない。戦場という極限状況で使用されるものであるからして、余計な機能や、過剰な品質などは、まったく求められていない。むしろ、余計な機能を付加することによって、機動性（manoeuvrability《マヌーヴラビリティ》）を損なうのである。

　では、なぜ、韓国陸軍は、Ｋ－１戦車に、あえて不要な１２０ミリ砲を装備したかというと、これまでとは、主敵《チュチヨク》が替わったからである。韓国陸軍は、さらに次期ＭＢＴを採用している。これは、遥かに、主砲、装甲、エンジンを強化してはみたものの、国産技術を採用するという勇み足のような方針が災いして、エンジンとトランスミッションのパワーパックが故障続きで、巧《うま》くいっていないようである。

また、韓国空軍は、新たにF-15戦闘機を採用した。もちろん、日本の航空自衛隊も、F-15を保有している。1980年、採用したときは、あまりにも高価だったので、アメリカ以外では、日本しか購入できなかった。したがって、当時のアジアでは、最強無敵の戦闘機として、中ロや北朝鮮に睨《にら》みを利かせていた。日本に続いてイスラエル、サウジアラビア等で採用されたが、数は多くはない。現在も、アメリカ以外のF-15の60パーセント以上を、日本が保有している。

もともとF-15戦闘機には、二つのタイプがある。迎撃機タイプのファイティング・イーグルと、戦闘爆撃機タイプのストライク・イーグルである。日本は、周辺諸国の脅威にならないよう配慮して、ファイティング・イーグルしか採用していない。これら二つのタイプのF-15は、それぞれ連携して作戦行動に当たるものである。しかも、そもそも兵器というものは、周辺国に対して脅威になるようなものでないと、抑止力としての効果がない。採用された1980年当時は、何でも反対という巨大野党が健在で、あの大新聞も馬脚《ばきやく》を露《あら》わすことなく、反政府を掲げる一方の体制権力を成していたから、戦闘爆撃機タイプは採用しにくかったのだろう。

しかし、その後、四十年近い年月が流れ、東アジアの情勢も大きく変わっている。中国の台頭があり、今やロシア製の最新鋭機スホイ35を大量に保有するようになり、日本のF-15の絶対的な優位は、もろくも崩れ始めている。時折、今さらのように、敵基地攻撃能力の保有が、話題に上ることがあるが、日本の主力F-15Jには、迎撃機タイプのため、爆弾を装架《そうか》するパイロンが付いていないのだから、はじめから不可能な話なのである。

対する韓国軍のF-15Kは、最新型である。傑作機F-15は、その後も改良を重ねて、世界の空を支配している。そのため、韓国空軍のF-15Kは、日本の航空自衛隊が保有する初期型のF-15Jとは外観は同じようだが、おおよそ別物になっている。アメリカ空軍のF-15Eストライク・イーグルを、韓国向けに改造したタイプであるから、空自のF-15Jと異なり、戦闘爆撃機の機能も備えている。

ただ、最新鋭の機種だけに、発注した韓国側にも、仕様に無理があったようである。対艦能力は高いのだが、ミサイル誘導の周波数の変更が、仕様になかったため、百万ドルを超える改修費用がかかったともいわれる。また、地形情報ソフトがインストールされていないため、対地攻撃に支障をきたすともいわれる。

なぜ、韓国は、そこまで無理をして、拙速のようにF−15Kの配備を急ぐのだろうか。繰り返すが、これまで主敵としてきた北朝鮮機に対しては、F−16で充分すぎるほどである。最新鋭のF−15Kは、まったく必要がない。北の空軍戦力は、ミグ−21の老朽化のせいばかりでなく、制裁による外貨不足で燃料にも事欠くため、錬度が不足して、ろくろく飛行訓練ができない有り様である。もし、韓国空軍と戦えば、ひとたまりもなく全滅する。

それでは、韓国は、F−15Kを、何の目的で配備したのだろうか。日本を主敵と考えるようになったからである。多くの日本人は、認めたくないだろうし、信じたくもないだろうが、日本を攻撃する意図をもって、軍備の増強に走っているのが、現状である。

まず、戦略として、九州の新田原《にゅうたばる》基地を叩く。新田原基地は、つい最近、日本最初の女性戦闘機パイロットの松島美紗二等空尉が配属されて話題になった。第五航空団のF−15J飛行隊の基地である。ここを叩きつぶせば、韓国側が、制空権を握れるのである。

対する日本のF−15Jだが、初期型であるため、何度か電子装置などを換装しているものの、最初のほうのモデルは、もはや対応不能だといわれる。先年も、着陸したF−15の主脚が折れるという事故が発生しているが、老朽化のためと思われる。

日本に対する意図的な挑戦

かつて、70年代には、誤判《オパン》という単語が、韓国の新聞の紙面に現われることが、少なくなかった。文字通り、誤った判断という意味だが、韓国では特別な意味で使われていた。韓国国内の混乱、あるいは低迷など、なにかの機会に、機が熟したと見て取り、北朝鮮が南侵を開始するのではないかという危惧《きぐ》があったからである。北朝鮮に誤判をさせないためにも、常に国内を安定させておかなければならない。1980年、朴正熙大統領の暗殺後の混乱期に、全羅南道の光州市で、反政府デモが暴徒化した際、ただちに軍が鎮圧に乗り出し、二百人近い死者を出す悲劇が起こったのは、これを機に北朝鮮が軍事介入することを恐れたからである。

この伝で言うと、韓国は、対日政策に関して、誤判に走り始めたように見えるのである。かつて日韓の軍事力には、陸上兵員数を除けば、技術的にも装備的にも、大きな差があった。しかし、韓国は、国力の増大を反映して、軍事力の強化に狂奔するようになっている。

去年十一月、日本海の大和堆《やまとたい》に近い海域で、日本漁船が、韓国警備艇から操業停止、至急退去を求められ、あわや臨検拿捕《だほ》という事態に発展しかねない状態だった。現場の海域は、日本のEEZ（排他的経済水域）ではあるものの、竹島に近いという理由で、日韓の暫定海域として、お互い操業を認めあっている海域である。いわば、日本側の温情によって、韓国船も出入りしていることになる。日頃から日本憎しという情報にばかり接している韓国警備艇の乗員が、いわば勇《いさ》み足《あし》に出たとも言えようが、極めて危険な事態の前兆である。

もはや忘れられているかもしれないが、李承晩時代には、悪名高い李ラインなる境界線が勝手に設けられ、多くの日本漁船が拿捕されている。また、黄海の公海上で、日本漁船が北朝鮮の警備艇に銃撃され、死者を出す事件も起こっている。対日憎悪を煽り、募らせている韓国が、今後、こうした事案を引き起こさないという保証は、なにもない。

また、海上自衛隊の軍艦旗掲揚を拒否されたため、日本側が国際的な観艦式への参加を見合わせるという事件も起こっている。これまた、各国とも、自国の軍艦旗を掲揚しているのだから、ことさらに日本だけを標的とした反日へイト行為である。しかも、日本側に禁止の通告をしながら、韓国艦〈日出峯《イルチユルポン》〉には、〈師《サ》〉と書いた旗を掲揚している。〈日出峯《イルチユルポン》〉は、済州島の海岸にある低い火山の名だが、問題は〈師《サ》〉と漢字で書かれた旗である。秀吉軍と戦った李舜臣《イスンシン》将軍が、半潜水船〈亀船《コブクソン》〉に掲げたとされる旗だというが、これも英雄を美化する目的で、後世に作られたエピソードらしい。

日本人は寛大な国民性だから、この李舜臣将軍も、帝国海軍では、偉大な提督として尊敬を集めていた。李が書いた陣中日記『乱中日記《ナンチユンイルギ》』は、海軍の参考文献にもなっていた。つまり、李舜臣は、わが国の英雄として扱われていたのである。この一事をもってしても、日韓併合が、植民地支配などではなかったことが、証明されている。

ハングル優先の韓国で、ハングルで〈사《サ》〉と書かずに、わざわざ漢字で〈師〉と書いてある。師《し》とは、諸葛孔明《しょかつこうめい》の『出師《すいし》の表』で知られるように、軍隊を意味する。李舜臣は、船大工の羅大用《ナデヨン》が発明した〈亀船《コブクソン》〉（日本では亀甲船《きっこうせん》と訳している）を用いて、軍船との直接戦闘を避けて、日本水軍の輸送船を次々に撃沈した。そのため、日本軍は補給が断たれ、しばしば窮地に陥った。いわば潜水艦の常套作戦の通商破壊戦のはしりである。羅大用は、その功績によって、ふつう技術者を賤《いや》しむ風土がある朝鮮では例外的に将軍に取り立てられている。また、羅大用の名は、韓国海軍の張保《チャンポ》皐《ゴ》級潜水艦の八番艦に命名されている。

蘊蓄《うんちく》が長くなったが、この暴挙は、単なる嫌がらせなどではなく、日本に対する意図的な挑戦である。

さらに、２０１８年12月、日本のＰ－１哨戒機が、韓国海軍の駆逐艦〈広開土大《クワンゲトテ》王《ワン》〉から、レーダー照射されロックオンされる事件が起こっている。攻撃用レーダーをロックオンするという事態は、戦闘行動に準ずるというのが国際的な軍事常識であり、アメリカ軍では反撃が許されているという。

射撃レーダー照射事件は、なぜ起きたのか

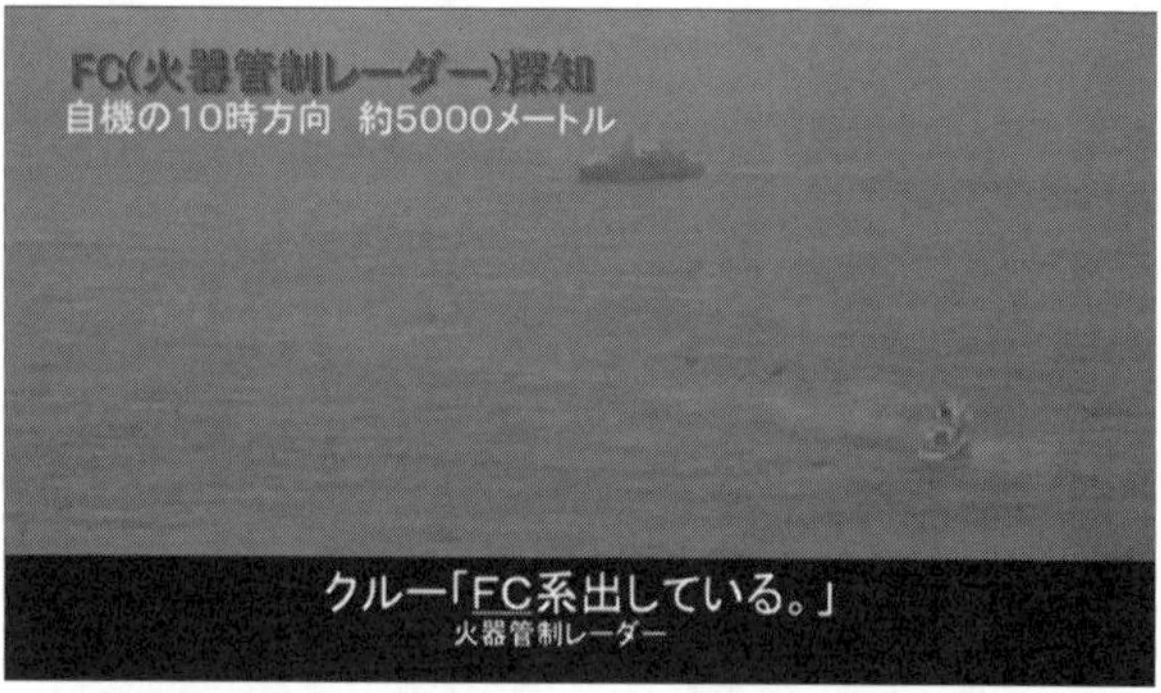

海上自衛隊が撮影した、火器管制レーダー探知の瞬間。画面奥が韓国海軍の駆逐艦「広開土大王」　（防衛省のウェブサイトから）

韓国国防省による「反論」動画。救助活動中、日本の哨戒機が低空で接近と主張するが、この場面以外はほとんど日本側の素材を引用
（公式YouTubeチャンネル英語版）

韓国側は、見え透いた弁解で、否定しているものの、P－1哨戒機の機内では、数回にわたって警報音が作動したというから、緊急事態である。〈広開土大王《クワンゲトテワン》〉の艦長が、そこまで非常識とは思えないから、レーダー主任士官の勇み足と見るべきだろう。

醸成されていった悪逆非道な日本人像

なぜ、こんな危険な嫌がらせを試みたのだろうか。P－1哨戒機は、純国産の大型機である。哨戒機はエレクトロニクスの塊のようなハイテク兵器で、国産できる国は、米ソくらいしかない。おそらく、P－1哨戒機が妬《ねた》ましかったため、やっかみ半分で嫌がらせをしたのだろうが、決して許すべきではない。またしても、日本側は、例のごとく〝遺憾〟を連発しているが、これでは渋々ながら韓国の主張を了承したと、思われてしまう。もっと、怒りを露わにして、強硬に事実を付きつけなければならない。

先方は反省しないばかりでなく、かえって嘘の情報を八カ国語で発信する始末である。仮に嫌がらせだとしても、異常極まりない行為である。こうした非常識な嫌がらせが行なわれる背景には、国力、軍事力の増大を背景とした日本敵視の風潮が、おおいに与《あずか》っているはずである。

先ほどから潜水艦に関してのみ説明してきたが、この〈広開土大王《クワンゲトテワン》〉をはじめ、駆逐艦の大型化など、ほとんど脅威にならない北の海軍に対するものとは思えない増強が進められている。アスロック（ASROC）の装備なども、そうした兵器体系の転換の一つである。アスロック（Anti—Submarine Rocket＝対潜水艦ロケット）は、目標の至近距離までミサイルで魚雷を運んでいって、海中に突入すると同時に魚雷として航行し、敵潜水艦を撃沈する兵器である。通常の魚雷は、海水の抵抗でスピードが出ないから、目標に逃げられる危険があるが、アスロックなら、敵のすぐ近くの海面に着水するから、目標を外《はず》さないのである。

日本が大戦中に使用した大型の航洋潜水艦〈イ号〉は、有名なドイツのU《ウー》ボートの三倍もあった。軍事音痴は今に始まったことではなく、戦前の日本も、通説に言われるような軍国主義とは、ほど遠い国だった。ゼロ戦やイ号など、優《すぐ》れた兵器があっても、軍事音痴で作戦が下手《へた》だったため、有効に活用できなかったのだ。

そうした潜水艦技術の伝統から、本格的に日本で実用化されたスターリング・エンジンを持つ海上自衛隊の〈そうりゅう〉級は、通常動力の潜水艦としては最長の潜航時間を有する。また、常に原子炉の冷却装置を動かしていないといけない原潜と比べると、静粛性が優れているから、その面でも世界一という性能を誇っている。韓国がアスロックを装備したのは、まさに日本の潜水艦と戦うことを念頭に置いたためである。なぜなら、艦載砲、対艦ミサイル、通常魚雷などで撃沈できない艦艇は、北朝鮮には存在しないからである。

70年代、韓国で聴かされたジョークがある。あるとき、韓国人の考古学者から、こう言われたことがある。日本語世代の方だから、日本語で言われた。

「日本人は、口を開けば、韓国には泥棒が多いと言いますが、韓国人は、ものを盗んだことはあっても、国を盗んだことはありません」

半分は冗談だが、国を盗んだとは、日韓併合を指している。当時から、日韓併合が無効だという主張は存在したし、ある程度の反日は、たしかに一般的だった。変てこな表現になるが、わたしは、前向きの反日と定義している。当時は日本時代を知る人も健在だったから、反日は、一種の努力目標だったのである。

また、こんなことも言われた。

「一度、日本と戦争をやって、勝たせてもらわないかぎり、わが国の反日は終わりませんな」

複数の人から聞いたことがあるから、戦争云々《うんぬん》というジョークが、当時あったのだろう。もちろん、単なるジョークであって、本気ではない。

妙な譬《たと》えだが、韓国の反日をマスタベーションになぞらえてみた。快感が伴うから、止めるに止められないのである。しかも、一度も、日本側から手酷《てひど》いしっぺ返しを受けたことがない。ますます、反日にのめりこみ、妄想をたくましくするばかりである。

韓国人は、その悲惨な歴史から、悲憤慷慨して自らを慰めるのが好きである。身の上話なども、悲しいほど受けるから、オーバーに悲しみ、苦しみを訴えるほうが共感を呼ぶ。韓国では、身の上話を、身世打鈴《シンセタリヨン》という。また、苦労を、韓国語では、苦生《コセン》と呼ぶ。苦しい生き様が、一般的だからである。

日本統治下で、幸せに暮らしましたでは、共感を呼ばないことから、オーバーに被害だけを言い立てるうちに、だんだんエスカレートしてしまい、とうとう有りもしないバーチャルな方法で、悪逆非道な日本人像を描くまでになってしまった。

しかし、妄想をたくましくしてマスタベーションをする分には、他者には実害が及ばないが、現実に妄想を実行しようという不心得者も現われる。妄想が昂《こう》じて、女を襲ったなどという事件が、新聞、テレビを見れば後を絶たない。韓国は、反日という妄想を、今や行動に表わして実行しようとしているのだ。

第三章

韓国政府閣僚は、すべて北の手先

文在寅《ムンジェイン》という危険人物はこうしてできた

政府主導で反日を推進する韓国の方向性は、立場は異《こと》なるが、前の大統領朴槿恵《パククネ》から始まったのだが、現在の文在寅政権の下《もと》で、いっそうグロテスクなものに変貌している。文政権の方針を知るには、その生い立ちや、時代的な背景を探っていくべきだろう。

文の両親は、北朝鮮の出身である。北朝鮮北部の咸鏡南道《ハムギョンナムド》の咸興《ハムフン》が故郷である。咸興は、汁のない辛《から》みソースだけの咸興冷麵が有名である。しかし、文の両親が南へ逃げ延びてきたのは、韓国動乱《ハングクトンナン》（朝鮮戦争）の時だから、当時は冷麵どころではなかったはずだ。動乱の経過を追うほどの紙数があるわけではないので、簡単に済ますが、南北ともに人の移動が少なくなかった。北朝鮮に住んでいた人々で、共産主義の圧政を逃《のが》れて南へ渡った人も多いが、南が故郷であるにもかかわらず、思想的な立場から北へ行った人々も少なからず存在する。

私《わたくし》ごとだが、1970年代、早稲田大学に留学中、わたしに韓国語を教えてくれた韓美卿《ハンミギョン》さんの両親も、北から逃れてきた方だったため、韓国ではそれなりの苦労をされたという。現在、韓国外国語大学の名誉教授で、日本語学会の会長も務《つと》めたことのある韓女史だが、子供心に両親の苦労が判《わか》ったと話してくれたことがある。地縁血縁社会《ゲマインシャフト》の韓国で、北出身の人間が生きていくのは、たいへんだった、と言う。日本でも、満蒙《まんもう》開拓やら、南洋諸島植民などで、外地《がいち》にいた人々が帰国し、引揚者《ひきあげしゃ》は社会問題になっていた。もちろん、ケースバイケースで、それぞれ事情は異なるが、帰国した故郷で冷たくされたなどという例もないではなかったものの、たいていは故郷に親戚などが残っていたため、そうした伝手《つて》を頼って生きていたようである。ただ、韓国の場合は、もともと地縁のない南へ渡った、いわゆる越南者《ウォルナムジャ》は、生活の基盤を作り上げるだけでも大変だった。

文在寅自身は、韓国で生まれたが、その両親は、赤貧洗《せきひん》うがごとき生活だったという。避難民として、文一家が落ちついた先は、現在の釜山《プサン》市の南の影島《ヨンド》だった。影島は、市街地から南へ延びる二本の橋でつながった島で、北半分は町工場や造船所などがひしめいているが、南端の太宗台《テジョンデ》あたりは風光明媚な場所で、晴れた日には日本の対馬《つしま》が望める。

文の父親は、馬山《マサン》、麗水《ヨース》、木浦《モッポ》など、全羅南道方面において、行商のようなことをして、糊口《ここう》をしのいでいたようだが、あまり巧《うま》くいかなかったようである。この一帯は、韓国のエーゲ海といわれる閑麗水道《ハルリョスド》の観光地でもあり、また、近くの島には造船所などもあり、現在でこそ発展しているが、当時は寂しい漁村、寒村ばかりで、商売になりそうな地域ではなかった。幼い文少年も、家計の助けにと、オンドル暖房に使う練炭を運ぶ仕事を、手伝っていたという。子供には、重い練炭は、きつい労働だったろう。また、しばしば月謝を滞納することすらあったという。

後の人権弁護士としての方向性は、この悲惨な幼少時に培《つちか》われたものかもしれない。それでも苦学しながら、地元の中高校をなんとか卒業し、奨学金を得て慶熙《キョンヒ》大学校の法科大学《ポプカテハク》（法学部）に首席で合格し、学費免除の特待生《とくたいせい》として法曹家としてのキャリアーを歩みはじめた。そのまま順調にいけば、秀才の文のことだから、法曹界での出世の道が開けたはずだが、1975年には、朴正熙政権に対する反対運動で逮捕され、ソウルの西大門《ソデムン》刑務所に収監されてしまう。

この時点では、さほど左傾思想に染まっていたわけでもないらしい。しかし、韓国は、妥協を許さない社会だから、反政府運動の渦中に身を置くしか道がなくなる。しかも運動圏《ウンドンクオン》の学生にとって、逮捕歴は勲章のようなものである。しだいに文は、左翼人士のあいだで重きを成すようになっていく。

次の転機は、1980年に卒業し、難関の司法試験に合格したときに訪れる。なんと、文は、突然、収監されてしまい、合格通知も拘置所で受け取ることになってしまった。朴正熙大統領の暗殺に伴い、戒厳令を布《し》き、全権を掌握した全斗換《チョンドゥハン》将軍（後に大統領）の下で、民主化に関わった人士の予防検束が行なわれた。当時の韓国では、日本の戦前・戦中の治安維持法のように、虞犯《ぐはん》（罪を犯す可能性）というだけで、予防検束ができたのである。文は、もともと権力志向の強い人物で、法曹人を目指したのは、検事志望だったからだが、二度目の逮捕の時点で断念せざるをえなくなった。

盧武鉉《ノムヒョン》の法律事務所に入るのは、この二年後である。ここで、文在寅の将来が拓《ひら》ける。盧の側近として、つき従ったことが、政界への道につながるのである。

政界入りしたのちは盧に認められ、やがて盧が大統領に就任すると、秘書室長に取り立てられる。秘書室長は、制度上は高い地位ではないが、韓国の情治政治といわれる体質では、たいへん大きな権力を持つ職掌である。なぜなら、大統領に取り次ぐ許認可権が生じるから、場合によっては大臣や財閥の長より、遥《はる》かに巨大な権力を有することになる。

またまた、妙な比喩《ひゆ》で恐縮だが、李《り》朝時代の内侍府長《ネーシプジャン》を思い出した。李朝の宮廷では、密室政治が行なわれていたが、内廷に入り、王に会える男子は、去勢した宦官《かんがん》だけである。女ばかりの後宮に、ふつうの男子を入れるわけにはいかないからである。これら宦官の束《たば》ねをするのが、内侍府長《ネーシプジャン》である。身分は高くないが、この人物に取り入らないかぎり、王の裁可《さいか》を得られないのだから、権限は巨大なものに膨《ふく》れ上がる。

のちに退任した盧が自殺したあと、文は、いったん下野《げや》して弁護士業に戻ったが、国民葬と称する葬儀を委員長として執り行ない、盧の後継者としての地位を天下に示したのである。金大中、盧武鉉という左寄りの政権が続いたものの、高度成長が一段落した韓国社会が、一気に左傾したわけではない。ソウル市長だった李明博、朴正煕の娘である朴槿恵が、あいついで大統領に就任し、いったんは保守回帰がなされる。

盧政権の経済的な無策に嫌気がさしている層も、少なくなかったからである。

しかし、保守回帰は、高年齢層に限られていた。若年層は、社会の矛盾に憤《いきどお》りやすいが、かねてから左翼の全教組《チヨンキヨジヨ》（日本の日教組に当たる）による左傾教育の成果が、ボディブローのように、じわじわと効《き》きはじめていた。2012年の大統領選では朴槿恵に僅差《きんさ》で敗れはしたものの、青年層の得票率では文のほうが朴を上回り、また、全羅道での得票率でも過半数を越えていた。文自身は釜山の生まれだが、慶尚南道は全羅南道と隣り合わせで、新羅閥の多い慶尚北道とは、趣《おもむき》を異にしている。また、釜山を活動拠点とする文は、全羅道でも人気を集めたのである。また、若年層の支持を得たのは、韓国社会を覆《おお》う左傾教育の成果が、じわじわと浸透していたせいである。

文在寅は、2017年の大統領選にも出馬する。朴槿恵が不祥事で辞任した後だけに、保守政権に対する不満が広がっていたためと、また、保守陣営に人を得なかったせいでもある。文は、韓国選挙史上、二位との得票差の記録を塗り替える圧勝を遂《と》げ、ついに第十九代の大統領の地位に就《つ》いたのである。

反日という目的のため、福島の災害も利用した

それでは、文在寅という人物の政治的なスタンスは、どのようなものなのだろうか。文は、本質的には盧武鉉の路線を継《つ》ぐ左翼政治家だが、遥かに狡猾《こうかつ》である。盧に欠けていたポピュリズム、アジテーターとしての才能も備わっている。就任演説では「すべての国民の大統領となる」と宣言し、融和、協調を説いて、国内統合を目指した。また、北朝鮮の核問題解決に関しては、必要なら北京、ワシントン、東京へも出向くと宣言した。実際には反日の立場なのだが、ここで東京という地名を挙げることも忘れない。はじめから、日本および安倍総理を、忌避していた朴槿恵との違いである。

真っ先に着手した政策が、国定教科書の廃止である。朴政権で、父親の独裁の美化が行なわれたという理由だが、妥当とは言えまい。朴前大統領は、親日というより、むしろ父親の業績を控《ひか》えめにしか評価していなかったのだが、それすら許されなかった。全教組《チヨンキヨジヨ》による左傾教育が、すでに蔓延《まんえん》しはじめていたのである。

ただ、ポピュリストの文は、左傾したリベラル派と見られることを、警戒していた

節《ふし》がある。文の言葉だが、〈真の保守《チンチャ・ポス》〉〈嘘の保守《コジンマラン・ポス》〉と使い分けて、現保守勢力を嘘と決めつけて、排除することに成功した。このあたり、日本で小泉純一郎総理が、反対派を抵抗勢力として切って捨てた手法とも似ている。文は、弁護士としてのキャリアーから弁《べん》が立つため、扇動政治家として、しばしばこの手の二分法（Ｄｉｃｈｏｔｏｍｙ《ダイコトミー》）を用いる。

文の大衆迎合主義は、エネルギー政策にも顕著に表われている。朴正熙大統領を目の敵《かたき》にしている文は、原子力発電を攻撃目標とした。朴正熙は韓国が最貧国といってもよい状態だった１９７８年に、将来のエネルギー需給を予見して、釜山に近い古《コ》里原電《リウオンジヨン》を稼働させている。驚くべき先見の明である。ちなみに、韓国では、原子《ウオンジャ》力発電所《リヨクパルジヨンソ》を原発ではなく、原電《ウオンジヨン》と略している。今日、韓国の原電依存度は50パーセント近くにも達し、日本より遥かに高い。

これには事情がある。第二次大戦の終戦後、朝鮮半島全体の発電設備容量の実に95パーセントを北朝鮮が占めていた。日本が建設した水豊《スプン》ダムは、当時は東洋最大の規模を誇り、今なお北のインフラのうちでは、最も重要な施設の一つとなっている。南北が分かれて独立したとき、韓国側にはわずか5パーセントの発電設備しかなく、北が送電を断《た》ったためソウルは闇に閉ざされた苦い経験がある。朴正煕はこうした記憶から、原子力の採用を急いだのである。

文は、反日の目的のため、福島の災害も利用することを忘れなかった。古里原電の30キロ圏内の人口は、三八〇万人に達すると強調することで、人々の恐怖を煽る手法に訴えたのである。

また、文は、大気汚染の問題を取り上げ、これもポピュリズムから、石炭火力も敵視した。日本でＰＭ２・５と呼んでいる微粒子は、韓国語では微細ちり《ミセ・モンジ》と言うのだが、ここを強調して、老朽化した石炭火力の停止を訴えれば大衆に受けることを、心憎いくらい計算している。しかし、日本と同様の無資源国の韓国で、石炭火力、原子力を否定して、クリーン・エネルギーだけで、どうやって産業を維持していくのか、具体策は示さないままである。

慰安婦・徴用工という虚構に働いた、ある計算

文の政策を、一つずつ追っていく紙数もないのだが、朴時代に民営化に歩みかけた鉄道を、元の国営に戻したり、また兵役を短縮したり、人気取りもさることながら、社会主義的な方向性も見受けられる。また、北朝鮮に対する方針は、盧政権の時代、盧の意向を受けてか、国連の対北朝鮮人権決議について、事前に北朝鮮に知らせ、棄権の方針を伝えたとされる。こうしたことから、北朝鮮に詳しい日本の多くの研究者が、文を北朝鮮のシンパ、あるいは言葉は悪いが手先と、分析しているが、簡単に馬《ば》脚《きゃく》を露《あら》わすような相手ではない。

文が、ぎりぎりまで北朝鮮の平昌《ピョンチャン》オリンピック参加を求めたのは、あの民族にしては珍しく忍耐心を示したとも言えるが、金剛山《クムガンサン》で前夜祭を開こうなどとも発言していることから、もったいをつけて北の参加を実現させたという功績にしたかったのかもしれない。あるいは、いったん北が参加をごねてみせ、金正恩《キムジョンウン》の実妹の金与正《キムヨジョン》の訪韓を実現させ、北に好意的な方向へ国論を誘導しようと謀《はか》ったのかもしれない。

いずれにしても、文の北朝鮮寄りの姿勢は、明らかなように見えるが、ある意味で

のバランス感覚も示している。北のミサイル実験に際しては、明らさまに北を敵と呼び、武力挑発には報復すると警告し、北朝鮮の対韓窓口となっている〈朝鮮アジア太平洋平和委員会《チョソン・アシア・テピョンヤン・ピョンファ・ウイウォンフェ》〉を失望させている。また、アメリカとの協議でも、国内の設置場所で反対が多いことから、THAAD《サード》（戦域高高度防衛ミサイル）の配備でも、いったんは難色を示したものの、アメリカ側の説得を受け入れている。文在寅という人物が、直情径行《ちょくじょうけいこう》ぎみな韓国人のあいだにあって、異色とも言うべき柔軟性を備えていることが判る。

　また、対日関係でも、お嬢さん育ちの朴槿恵と異なり、露骨に行動に表わすことはしない。日本に対しては、未来志向などという常套句《じょうとうく》を臆面もなく使ったりする。

　しかし、国内向けには反日を煽る言動を繰り返しているし、竹島上陸に当たっては、日本批判と愛国心を隠さない。文を評する表現として、しばしば〈失郷民の息子《シルヒャンミネ・アドゥル》〉という言葉が使われる。あるいは、〈避難民の息子《ピナンミネ・アドゥル》〉とも言われる。文の心のどこかに、両親から受け継いだ故郷喪失者（diaspora《ディアスポラ》）としての潜在意識があるのかもしれない。あるいは、まだ見ぬ母国である北朝鮮に対して、一種の憧憬《しょうけい》の念を抱いているのかもしれない。苦労人の文は、口舌《こうぜつ》の徒《と》として、人当たりは悪くない。これも就任後すでに一年にして、なお80パーセントを超える支持率を保っていた理由の一つだろう。

文は、野党時代から反日派ではあったが、そのことを対外的、国内的に、巧《うま》く使い分けている。産経新聞の加藤達也《かとうたつや》ソウル支局長が、朝鮮日報の記事を引用したというだけで、朴政権に逮捕拘留された事件では、そのころ野党だった文は、政権叩きのため加藤を擁護《ようご》する発言を残しているが、のちに翻《ひるがえ》している。権謀術策《けんぼうじゅつさく》を弄《ろう》する様《さま》は、まさに韓流歴史ドラマに出てくる朝鮮王朝時代の為政者と似ている。日本では言霊《ことだま》が尊ばれるから、いったん口にしたことは拘束力を持つが、韓国・朝鮮では、あっさり前言を翻しても、とくだん非難されることもない。状況が変わったと弁解すれば、それで通ってしまう。

文は、いわゆる慰安婦、徴用工という、90年代以前には存在しなかった問題を、日本叩きのため突きつけているのだが、いずれも虚構でしかない。しかし、ある計算が働いているようである。韓国の国力、軍事力の増大を背景にして北朝鮮と結んで、実際に日本に対して行動を起こすための布石として、現在のところ、言《げん》を左右にして、時を待っているにちがいない。

文が老獪《ろうかい》な点は、日本側の要人と会う際は、ふつう韓国人がよくやるように、声を荒《あら》らげて詰問するような態度を取らないことである。しかし、国民感情を盾《たて》にとって、これら問題が解決していないと訴える。あたかも、日本側に下駄を預けたかのような態度である。しかし、日韓基本条約、日韓合意などで、すでに解決したはずの事案であるから、国民感情を和《やわ》らげる努力をしなければならないのは、韓国側の責務になる。国民感情のせいにするのは、説得力を持たないし、国際的にも通用しない理屈である。

しかし、韓国は、言霊《ことだま》のない国だから、屁理屈がまかり通ってしまう。しかも、その屁理屈を、文が計算して使っているのである。このところ、日本では、国民感情と日韓友好のあいだで、苦慮する韓国政府といった分析が横行しているが、まったく見当違いである。べつだん、文政権は、苦慮などしていない。もともと、これら架空とも言える事案を、煽り立てて対日政策に据《す》えたのは、その有効性を計算しているからである。その点では、朴槿恵の方針を、そのまま踏襲《とうしゅう》していることになる。いわゆるマッチポンプという手法である。自分で火を点《つ》けて、大騒ぎにしておいて、鎮静化を功績とする手法で、韓国では歴史ドラマなどでお馴染《なじ》みになっている。

北への急接近に隠された、恐るべき陰謀とは

なぜ、こんな矛盾した政策が可能かと言えば、北朝鮮問題があるからだ。日米ともに、北朝鮮は頭の痛い問題である。特に拉致《らち》問題を抱える日本としては、ゆるがせにできない問題である。そのことを小面憎《こづらにく》いほど承知した上での文の計算なのだ。アメリカ首脳と会談すれば、韓米のあいだに意見の相違はない、となる。また、日本の要人と会えば、対北朝鮮では、共同歩調を取ることが確認される。しかし、実際に文が遂行している政策は、北朝鮮との融和、協調路線であり、そこにのめりこんでいることは間違いない。北朝鮮への人道支援は、国連が決めた制裁の埒外《らちがい》であると、アメリカからも同意を取り付けた。

しかし、すべてが公開されている自由主義国家と異なり、独裁国家では、人道支援

といっても、どこまでが人道支援に該当するか、追跡ができない。

一例を挙げよう。１９９０年代、二〇〇万人とも言われる餓死者を出したと伝えられる北朝鮮で、多くの制約のなかでＷＦＰ（世界食糧計画）が、人道支援を行ない、飢餓状態の住民に卵を配った。ＷＦＰのメンバーのほとんどが指定された宿舎へ引き揚げた後、たまたま後片付けのため残っていたメンバーが、驚くべき光景を目撃している。配布されたばかりの卵を、地区の人民委員が住民の手から取り上げていたのだという。それら卵は、これも飢えている軍隊に回されたらしい。

独裁国にあっては、人道支援と称しても、実際は多くの抜け穴があり、軍事用に転用される可能性がある。北朝鮮のような究極の独裁国家では、かれら自身が公言していたごとく、先軍政治《ソングンチヨンチ》が行なわれているから、すべてに軍事優先になる。自由主義国の善意が通用するような生易《なまやさ》しい相手ではない。

文在寅大統領は、北朝鮮への傾斜を深めているのだが、北朝鮮の善意を信じているのだろうか。そうではあるまい。同じ民族という口当たりの良いスローガンの裏に、とんでもない陰謀が隠されている。

金大中以来、北に対する太陽政策が、話題になり、実際に行なわれてきた。北の体制を平和裏《り》に軟着陸（soft landing《ソフトランディング》）させるという理由づけも存在した。しかし、何をもって軟着陸とするかは、曖昧なままである。

あるいは、北をルーマニア型の体制崩壊へ追い込むためという、いささか強硬な理由づけもないではなかった。しかし、チャウシェスク政権を崩壊させたルーマニアでは、たしかにチャウシェスク独裁が行なわれていたものの、形ばかりとはいえ、いちおう市民社会が存在した。デモをする市民たちに、軍隊が銃を向けることを拒否し、やがて体制転覆に至った。

しかし、北朝鮮には、健全な市民社会が存在しない。軟着陸も体制崩壊も起こりえない。なにかが起こるとすれば、権力上層部の勢力争いしか考えられないが、その芽《め》も、あらかじめ摘《つ》み取られている。金正恩の義理の叔父にあたる張成沢《チャンソンテク》、腹違いの兄・金正男《キムジョンナム》の処刑を見れば、誰にでも理解できる。

文の政策が、太陽政策になぞらえて、月光政策と呼ばれることもある。文《ムン》という苗字は、英語表記ではmoon《ムーン》つまり月と同じ発音になるからだが、ここに落とし穴が待ち受けている。これまで、いくら援助をしても北朝鮮は変わらなかった。それどころか、ミサイル、核の開発に突き進んでしまった。こうした失敗の経緯を承知した上で、文が北朝鮮への傾斜を強めているのは、ある思惑のためとしか考えられない。つまり、北朝鮮と結んで、日本と戦うためである。そのため、着々と準備を重ね、時至るのを待っているのだ。

2018年11月はじめ、韓国政府は、DMZの南方80キロ以内を、軍用機の飛行禁止区域に指定した。かつて70、80年代、南北の緊張は、陸上だけではなく、海上や空中にも及んでいた。当時、新聞記事で〈ミシクピョルハンゴンキ〉という単語に出会って、びっくりした。ハングルから漢字を思い浮かべる。〈未識別航空機〉となるから、てっきりUFOのことだと思い込んだ。しかし、実は、これ、北朝鮮機がDMZに接近したときの呼び名だと、韓国人に訊《き》いてみて初めて理解できた。

レーダーが北朝鮮機の接近を確認すると、烏山《オサン》空軍基地から、アメリカ機か韓国機が、ただちにスクランブルに発進する。そのまま、北朝鮮機が南下を続ければ、かならず戦闘になる。つまり、この空域が、引き返し不能地点（point of no

—return）となる。北朝鮮機も、韓国側の対応を探っているため、こうした試《こころ》みを繰り返してから、反転して戻るのだが、一歩間違えば戦争になる危険きわまりない事態である。

　韓国は、この空域を、軍用機の飛行禁止区域に指定したというのである。自ら手を縛ったようなものだ。たしかに北のミグ−21戦闘機は老朽化しているが、こうまで警戒を解いてしまっては、やすやすと攻め込まれかねない。

　また、韓国国内でも、大統領の意向を忖度《そんたく》してか、政治的な動きが加速している。〈白頭称頌委員会《ペクトウチンソンウイウオンフェ》〉なる団体が結成され、白昼ソウルの中心部で結成大会を催《もよお》したというのである。白頭とは、例の金日成伝説で、抗日の拠点としたとされる中朝国境の山の名だが、これが虚構であることは前述したとおりである。主催したのは、左派の国民主権連帯《クンミンチュクオンヨンテ》と韓国大学生進歩連合《ハングクテーハクセンチンポヨナプ》という団体である。代表が結成宣言文を読み上げたというが、これがトンデモ宣言。いわく、

「金正恩委員長と北朝鮮指導部、国民が示した平和と統一への熱望。この真の姿に韓国民の誰もが感動した」としてから、金委員長の訪韓を熱心にうながす呼び掛けが続

く。

ひと昔まえなら、ただちに逮捕されるところだ。場合によっては、反共法《パンゴンポプ》によって、死刑すら宣告されるような裏切り行為である。かつて、北の工作員、特殊部隊は、韓国領に侵入してしばしば事件を起こした。そのため、韓国も防諜には力を入れていた。たしかに冤罪も多かったのだが、それだけ喫緊《きっきん》の課題だったのだ。冤罪が多いとして、1980年、反共法は廃止され、その条文の一部は国家保安法《クッカポアンポプ》に統合されるかたちで残された。しかし、頼みの国家保安法も、しだいに骨抜きになっていく。

一つの契機が、2005年の姜禎求《カンチヨング》事件である。東国大学の姜禎求教授は、韓国動乱を北朝鮮による祖国統一戦争と位置づけ、大きな問題になった。しかも、米軍の介入がなければ、民族統一が成ったとまで極言した。これは、米軍を主力とする国連軍によって、北朝鮮の侵略から韓国が救われたとする旧来の史観とは真っ向から対立する意見で、北朝鮮の公式見解である。裁判では、いちおう有罪となったものの、執行猶予がついて、姜教授の身分も変わらなかった。

多くの同胞の血を流して、国連軍の中心となり、韓国を救ったはずのアメリカが、悪役に仕立て上げられた経緯は、日本が悪役にされた経緯と、よく似ている。韓国・朝鮮が、誰かのおかげで救われた負い目があるとき、妙な自尊心が働き、そのことを認めたくないがため、相手を悪役に仕立て上げるのを得意とする国民性なのである。

かくして北朝鮮への警戒は、氷解してしまった

こうして、国家保安法に照らし合わせれば、収監を免《まぬが》れない罪状だが、姜禎求《カンチヨング》事件は、ほとんど不問のまま幕引きに至った。韓国は、年ごとに北朝鮮への傾斜を深めていく。しかも、それを主導しているのが、大統領自身なのである。表向きは、日米と共同歩調を取っているように見せかけながら、国論を北朝鮮へと誘導する巧みな方針なのである。しかも、北朝鮮への警戒を解いてしまっている。

国防上、きわめて危《あや》うい事態なのだが、主義主張が先走ったとき、ものごとを検証しようとしない悪い癖が、マイナスに作用するから、もはや止められなくなっている。韓国国内でも、北のスパイ活動が盛んになっているとする分析もある。かつて、間諜申告に報奨金を出すなど、北の諜報工作には神経を尖《とが》らせていた韓国だが、今や見る影もない凋落《ちょうらく》ぶりである。

かつて冤罪が出ることも覚悟で、間諜の摘発に躍起となっていたのも、根拠のない話ではない。１９８２年、金正日《キムジョンイル》の最初の妻成恵琳《ソンヘリム》の甥、李一男《リイルナム》は、韓国へ亡命した。李は、整形手術を受け、名前を李韓永《イハニヨン》と変えた上で、ロシアやスイスへ留学した学識を活かして、ＫＢＳ放送の国際部で勤務していた。ところが、そこまで素性を隠していた李だが、97年、ソウルの自宅で、北の工作員によって暗殺されている。犯人は、北の工作員の夫婦だった。いわゆるスリーパーエージェント（ｓｌｅｅｐｅｒ ａｇｅｎｔ）、忍者の世界で言う草《くさ》のような存在である。一般市民になり済まして敵地で暮らすのだが、指令が来たとき動き出すのである。

北スパイ網は、韓国の首都ソウルで、白昼堂々と暗殺を実行できる組織を持っていたのだ。

また、警戒の薄い日本経由で、在日韓国人を詐称した女スパイ李善実《リソンシル》は、当時の金大中大統領の秘書すらも包摂《ほうせつ》して、一大スパイ網を築いてしまった。事《こと》が露見したとみるや、李はウェットスーツで漢江《ハンガン》に跳び込み、迎えの小型潜水艇に収容され帰国し、その功績で序列26位に昇進したという。

今、韓国では、大がかりな粛清が進行している。いい意味での保守派は、あらゆる公職から排除されている。もともと文在寅《ムンジェイン》大統領その人が、反体制の過激派出身である。かつて保守政権下で、全教祖《チョンキョジョ》など、北朝鮮にシンパシーを抱く過激派グループが活動していたころ、いわゆる主思派《チユサパ》といわれる最左翼のメンバーは、それほど多くはなかった。また、当局の取り締まりもあり、多くの逮捕者を出して、一時は壊滅状態にも追いやられていた。

主思派《チユサパ》とは、北朝鮮の金日成《キミルソン》主席が唱えた主体思想《チユチエササン》を奉じる一派だから、それ自体、韓国が奉じていたはずの民主主義とは相いれない過激思想のはずだった。事実、北朝鮮との軍事的な対決が、常に危機感を強めていた70年代、80年代の韓国では、朴正熙《パクチヨンヒ》大統領の下《もと》で、これら過激思想を奉じる一派には、逮捕監禁はもちろん、死刑をもって臨《のぞ》んでいたほどである。しかし、現在の韓国は、北朝鮮への警戒心を喪失し、いわば箍《たが》が緩《ゆる》んだ状態になってしまった。それどころか、安全保障の担当者すら北のシンパで占められているから、自壊の道を進んでいると言えよう。北への警戒心が薄れるのと、まるで同時進行のように、対日憎悪が拡大していったのである。今や、韓国は、その軍事力を日本に対して、試したくなるまでになっているが、そのことに気づいている日本人は、多いとは言えない現状である。

第四章

北は、核を放棄しない

北朝鮮が水爆成功の一歩手前にあるという見解

北朝鮮の核開発は金日成《キミルソン》以来の悲願であり、絶対に核を放棄しない。そのことが、日本では理解されていない。今回ばかりは、真剣に非核化に取り組んでいるポーズを示すだろうが、実際は見せかけだけで核を捨てるつもりはない。日本では、朝鮮半島が非核化に動いていると見て歓迎する向きが多いが、とんでもない話である。

北の核開発は、1987年、旧ソ連から供与されたものらしいGCR（Gas Coolant Reactor＝ガス冷却炉）から始まった。この原子炉は、わずか五千キロワット程度の出力しかない実験炉である。もともとイギリスで、兵器用プルトニウム抽出のため開発された炉型だが、公式には発電炉として使われ、コールダーホール型と呼ばれている。正確には、黒鉛減速炭酸ガス冷却炉といい、水を使わずに高温の炭酸ガスで冷却するタイプで、熱交換によって蒸気を発生させ、タービンを回すシステムである。

日本でも、アメリカの軽水炉の導入に際して、いわば保険のつもりだったのだろうが、東海発電所の一基だけ採用されているが、すでに廃炉解体処分《デコミッショニング》（Decommi ssioning）に付されている。北のGCRは、この東海発電所のわずか30分の1以下の出力しかない。このような小型の実験炉でも、独裁国が持てば、そこからプルトニウムを抽出して、核兵器を製造できるのだから恐ろしい。

旧ソ連は、この炉型を、スパイの手でイギリスから盗んだとされるが、結局はソ連での実用化は行なわれなかった。この炉が稼働してから、2006年の最初の核爆発まで、足掛け二十年を要しているが、プルトニウム型（長崎型）原爆の難しさのためである。

あちこちで書いたことなので、簡単に済ますが、ウラン型（広島型）原爆は、ウランの同位元素U_{235}の自発核分裂能力を利用する。天然ウランのほとんどは、自発核分裂能力のない同位元素U_{238}だから、U_{235}の割合を増やしてやらないと、核分裂反応が起こらない。天然には0・7パーセントしか含まれないU_{235}を、3〜4パーセントに増やしたものが原子力発電に使われるが、爆弾に使うためには、最低でも90パーセント以上の純度が必要となる。この工程をEnrichment《エンリッチメント》と呼び、ふつう濃縮と訳しているが、富化《ふか》と直訳したほうが判《わか》りやすいので、わたしは、こちらの訳語を用いている。

これに対して、プルトニウム型は、天然ウランを富化《ふか》（濃縮）することなく使える利点はあるものの、核兵器としては製法が厄介《やっかい》である。プルトニウムは、天然には存在しないと思われていたが、ごく微量だけ存在することが、最近になって判ってきた。

燃えない（核分裂しない）ほうのウラン＝U_{238}だが、原子炉内部に置くと、陽子、中性子を吸収して、プルトニウム（Pu）に変換する。これらPu_{239}あるいはPu_{240}という同位元素は、いずれも自発核分裂能力を有する。こうして原子炉内で生成されたプルトニウムを用いて、核爆弾を製造するわけだが、Pu_{239}とPu_{240}では、核分裂の反応速度が異なる。Pu_{240}のほうが、すばやく反応するのだ。

北朝鮮の最初の核実験では、あまりにも爆発の規模が小さいので、通常の火薬を大量に爆発させ、核爆発を偽装したのだろうという推測もあったほどで、たしかにあの国なら、それくらいのことはやりかねない。

しかし、実際に核爆発は起こっていた。なぜ、規模が小さかったかというと、Pu_{240}

だけしか核分裂を起こさなかったからだ。譬《たと》えて言えば、石炭と新聞紙に火を点《つ》けたところ、新聞紙だけ先に燃えてしまい、石炭には火が燃え移らなかったような状態だったのだ。

失敗したのは、北朝鮮だけではない。これより三十年ほど前、インドは、西部のタール砂漠のポカランにおいて、最初の核爆破に踏み切った。プルトニウムが完全に燃えず（核分裂せず）に飛散し、今も爆心地あたりは、高度の放射能汚染のため、立ち入り禁止となっている。プルトニウムは毒性が高く、わずかな核種を吸い込んだだけで、肺がんを誘発するとされる。また半減期は、二万四千年にも及ぶ。北朝鮮の場合、かつてのインドと異なり地下実験だから、地上の汚染はないとされるが、実際には地下水脈なども含めて、放射能汚染が発生していると見る向きもある。

二種類のプルトニウム同位元素を、均等に分裂させるのが難しいのである、そのため、球状にしたプルトニウムを圧縮したかたちで、核分裂を進行させなければならない。球体の外側に火薬をしかけ、百万分の一という精度で同調させて爆発させる。この装置を、爆縮装置（Implosion Assembly《インプロージョン・アセンブリー》）と言う。普通、爆発は、英語でエクスプロージョン。内側へ爆発させるから、エクスプロージョンではなくインプロージョンになる。かつてのインドにしろ、北朝鮮にしろ、この爆縮が巧《うま》くいかなかったのである。

インドにしろ、北朝鮮にしろ、どんな小さな実験炉でもプルトニウムを抽出して、核兵器を作り出すことができるのだ。富化（濃縮）という手間がかかるウラン型を避けて、イギリス、中国、インド、北朝鮮など、いずれもプルトニウム型の核兵器から着手している。大戦末期のアメリカが、ウラン型（広島型）、プルトニウム型（長崎型）という2種類の原爆を同時に完成させたのは、その巨大な工業力があったからである。

だがやがて、各国ともに、ウラン型に手を染めるようになる。水爆開発のためである。水爆は、核分裂による原爆と違って、重水素《ディトリウム》、三重水素《トリチウム》などを高熱で融合させて、ヘリウムに変換させる際に生じるエネルギーを利用する兵器である。そのため熱核兵器とも呼ばれる。引き金となる高熱を発生させるには、どうするか？　原爆を水爆の起爆に利用するのである。詳しい説明は、省くとして、これにはウラン型の原爆が望ましい。

　かつて中国は１９６４年、東京オリンピックの最中に、まるで当てつけるかのように水爆の空中投下実験を敢行して、世界をショックに陥《おとしい》れた。それまで、中国が、プルトニウム型の核兵器を持っていることは判っていたが、よもやウラン型まで製造し、しかも、水爆すら完成させているとは、誰も予想していなかった。

　しかも、Ｔｕ－16爆撃機で投下できたという事実は、兵器として使える状態にあることが証明されたことになる。ただ、なにかの齟齬《そご》があったらしく、その後の中国は、核兵器の運搬手段として爆撃機を使う方法をまったく放棄し、長距離ミサイルの開発だけに狂奔《きょうほん》することになる。

　現在、北朝鮮は、水爆を完成したと称《しょう》している。かつての中国と同じ道を辿《たど》っていることは間違いない。水爆の完成は、プロパガンダなのだろうが、いわば一歩手前まで来ている。確実にウラン型に移行しているのだろう。

けっして「非核化」を信じてはいけない

核兵器の歴史は、小型化の歴史といっても過言ではない。最初の原爆、広島型リトルボーイ、長崎型ファットマンは、いずれも4トン程度で、あの〈超空の要塞〉B－29爆撃機が、ようやく離陸できるほどの重量だった。しかし、その後、十年を経ずして、口径200ミリの大砲で発射できる原子砲が完成している。

それから三十年ほど経《た》っているにもかかわらず、インドの核爆破装置に至っては、重さ30トン以上、飛行機でもロケットでも、とうてい運べそうもない代物《しろもの》だった。当時、インドは、兵器ではないと強弁している。中印紛争などを抱え、しかも第三世界のリーダーとしても、かつてのネルー首相時代と異なり、中国に水を開けられた形のインドは、なんらかの方法で国威発揚を図らなければならなかった。そのための核爆破（Nuclear Blast）だった。

インド政府は、国際社会の指弾に対して、あれは核爆破であって、核爆発（Nuclear Explosion）ではないと、まるで禅問答のような答えを繰り返した。当時、マレーシアのクラ地峡を、核爆発で開削するというプランも実在した。つまり、インドは、兵器ではなく、工事用の原爆だと言いたかったのだ。こうした苦い経験から、現在のインドは、隣国パキスタンや中国への対抗上のやむをえない選択として、ほんものの核兵器を保有するに至っている。

現代の北朝鮮に、話を戻そう。いちばんの懸念は、北朝鮮が核兵器を実戦配備しているかどうかである。そのためには、どこまで小型化が進んでいるかを知る必要があるが、あの国はブラックホールのように、情報が出てこない体制だから、正確なところは判らない。大々的に宣伝しているICBM（Inter—Continental Bllistic Missile＝大陸間弾道弾）と称するミサイルにしても、ペイロード（payload＝運べる重量）に関しては、言及もされていないし、分析もされていない。最終段の弾頭部分の重量さえ軽くすれば、射程を延ばすことも可能になる。なかには、せいぜい二、三〇〇キロしか運べないのではないかとする専門家もいる。もし、そうだとすれば、核弾頭は運べない。そこまで核兵器を小型化するには、別な技術が必要になり、北朝鮮の技術水準では不可能だからである。

しかも、あの国は、プロパガンダの国だから、発表された内容が、そのまま事実でないケースが少なくない。たとえば、食糧増産の記事が出た場合、実際には食糧増産が巧くいっていないケースである。つまり、各方面に食糧増産を呼び掛けているわけである。

実際、こうしたケースで、失敗した担当者が処刑されたなどということも珍しくない。北朝鮮は、核ミサイル大国を大々的にPRしている。ここが取引材料となると見ると、やけに力が入るのである。ただ、それが虚勢である場合も、少なくない。まるで、ポーカーのゲームのように、どこまでがブラフ《はったり》なのか、見分けるのは難しい。

北朝鮮は、手ごわい交渉相手（tough negotiator）である。これまでの日韓協議や日朝協議の経過からも判るのだが、この民族は、前言を翻《ひるがえ》すことなど、なんとも思っていない。次回の協議では、前回の協議の合意点より、逆にハードルが上がっている場合すらある。ふつう、なにかの協議というものは、双方の利害をぶつけあい、ある一定の一致点を見つけ、そこから次のステップへ進むものだが、韓国・北朝鮮では、こうした手順がまったく機能しない。

わたしは、これまでの著書で何度も触れてきたのだが、こうした民族性は、あの半島の過酷な歴史によって培《つちか》われてきたものである。なにしろ古代の史書『三国史記《サムグクサギ》』から数え上げると、近世に至るまで二千年間にほぼ九六〇回も、異民族の侵攻を受けている。したがって、ある意味で国際性が養われ、生き延びるためには、異民族相手の場合は特に、常に自己の正当性を嘘でもいいから主張しなければならない。一時しのぎの虚言、妄言は、日常茶飯事である。韓国人は、異なる意見に出合うと、相手の主張を妄言《マンオン》呼ばわりするのが常である。日本人の対韓批判は、常に妄言扱いの対象とされている。

これまでの北朝鮮の非核化の経緯を見れば、すぐさま理解できる。かれらは、ときどき、交渉に応じる素振りを見せる。こちらが、それに乗ると、ただちにハードルを上げてくる。かつて、日米韓は、北朝鮮を相手にKEDO（朝鮮半島エネルギー開発機構）を発足させた。北朝鮮が現在のガス冷却炉を廃止する見返りに、プルトニウムの抽出が難しい軽水炉を、三国で建設して供与するという善意に満ちた計画だった。

だが結局は、その善意は、まったく通じなかった。アメリカから重油を、日本から米と資金を、韓国からは資金と重機を、只《ただ》で受け取りながら、最後は、あれこれ難癖をつけたあげく、現場労働者の提供を拒否し、計画そのものを頓挫《とんざ》させてしまった。

騙《だま》されて終わり、ということなのか

では今回、北朝鮮は、どのような落とし所を構想しているのだろうか。いくら人の好い日米でも、非核化しないかぎり、今度ばかりは制裁を緩《ゆる》めたりしないことを、北朝鮮も承知している。もちろん、さんざん、ごねてからのことになろうが、以下のような構想が浮かび上がる。

北朝鮮の核開発の中心は、寧辺《ニヨンビヨン》である。首都平壌《ピヨンヤン》から北へ八〇キロ、清川江《チヨンチヨンガン》の支流にあたる九龍江《クリヨンガン》が大きく湾曲する地点にある。ここには、例の五〇〇〇キロワットの実験炉がある。北の体制は、民生など、いっこうに気遣《きづか》おうとしないから、原子炉ではあるが原発ではない。いちおうは電気出力もあるものの、プルトニウム抽出だけが目的で、発電用ではない。さらに、五万キロワット、二〇万キロワットの建設が予定され、いったん着工したものの、挫折して放置されたままらしい。

また、爆縮装置《インプロージヨン・アセンブリー》のテスト棟らしい建物も衛星査察で確認されているし、ウ

北朝鮮「核開発」の中心地

寧辺にある核施設（黒鉛減速炉）の衛星画像。北朝鮮が譲歩するとすれば、ここへの査察を受け入れるかもしれない。2018年2月25日撮影

写真／時事（Airbus DS／38 North提供）

ラン富化工場とおぼしき施設も確認されている。また、先の非核化交渉の際、派手に爆破して見せた冷却塔なる施設も、ここや豊渓里《ブンゲリ》にあった。だが、炭酸ガス冷却のGCRに、あの冷却塔は不要である。あれも、北朝鮮が得意とするやらせの演出にすぎない。

結局、日米韓の三国は、騙されたのである。

そこで、三国ともに、非核化が完成しないかぎり、制裁を解除しないという方針だが、韓国の文政権と日米のあいだには、かなりの温度差がある。こういう弱点を利用するのは、あの民族の得意技である。韓国の文政権には、大いに揺さぶりを掛けている。文政権のほうも、いわゆる慰安婦、徴用工などに関して、北朝鮮から持ちかけられれば、渡りに船とばかりに乗りたくて、うずうずしている。日本敵視では共通しているからだ。

一方、アメリカはアメリカで、態度を崩さない。今度は、金正恩の側近中の側近である崔龍海《チェリヨンヘ》を、個人として制裁対象に指定したことで、北側を焦《じ》らせている。そこで北側は、アメリカが誠意を見せないかぎり、非核化は行なわないと宣言し、元の立場に戻りかけている。こうした紆余曲折が繰《く》り返されたほうが、北側には都合が良い。やがて北側が、やむなく折れたかたちで、妥協ができあがったほうが、同情を集められるし、真実らしく見えるだろう。

北朝鮮が、最大の譲歩として、平和のため用意する切り札は、何か？　わたしは、核基地である寧辺《ニョンビョン》の明け渡しと見る。寧辺のすべての施設を、国際社会に公開する。そしてＩＡＥＡ（国際原子力機関）の査察を受け入れる。場合によっては、アメリカ単独の査察団すら受け入れるかもしれない。アメリカでは、ＣＩＡ（中央情報部）、ＤＩＡ（軍情報部）、ＦＢＩ（連邦捜査局）など、諜報組織が複雑だが、核に関しては、ＮＥＳＴ《ネスト》（Ｎｕｃｌｅａｒ Ｅｍｅｒｇｅｎｃｙ Ｓｅａｒｃｈ Ｔｅａｍ＝核危機捜索チーム）という組織がエネルギー省傘下《さんか》にあるが、事実上は大統領直属の専門家集団がある。北側から、寧辺の全施設を、残らず公開して、各国マスメディアも招待する。場合によっては、外国の観光客を誘致することもでき、乏しい外貨獲得にも資するかもしれない。

さらに、舞水端里《ムスタンリ》、東倉里《トンチャンリ》など、火星《ファソン》ミサイルの発射基地、および豊渓里《プンゲリ》の地下核実験場など、すべて公開する。すでに、豊渓里の実験場では、非核化のためとして、地上施設の爆破なども行なわれ始めている。この実験場は、何度かの爆発のあと、地下では大規模な崩落現象なども起きている。これ以上、核爆発を続ければ、地表にも影響が及ぶ。いや、すでに及んでいると見る向きもある。

北朝鮮の核開発の中心となってきた寧辺を、すべてガラス張りに公開する。プルトニウム抽出の唯一の原子炉も、停止したばかりでなく、廃炉解体処分に付される。そして、大型ミサイルの発射基地、地下核実験場も、すべて廃止した上で、国際社会の査察を受ける。

こうまですれば、北朝鮮の誠意は、国際社会に通じるはずである——とするのが、北朝鮮の計算にちがいない。実際、長引く交渉に嫌気がさしたアメリカが、乗る可能性も少なくない。アメリカにしてみれば、大統領の任期中に北朝鮮の非核化に成功したという実績を稼げることになる。しかも、アメリカに到達する（？）ＩＣＢＭの基地は、すべて廃棄された。ここらが、落とし所と考えて、手打ちを図《はか》ろうとするにちがいない。

北に眠る、膨大なウラン資源の行方《ゆくえ》

また、北朝鮮は、さんざん抵抗した後だけに、逆に苦渋の決断が国際社会から評価されるようになる。これまでにも、アメリカの制裁に対して、国連決議は認めながらも、そのつど、批判を絶やさなかった中国やロシアも、大いに歓迎するにちがいない。また、直接の利害関係を持たないEUや中南米、中東などの国々も、北朝鮮の決断を、高く評価するだろう。

韓国と北朝鮮の場合、中国と台湾の関係と異なり、国際社会には、双方を承認する多くの国々が存在する。エジプトやシリアなど、北朝鮮と近いと目《もく》される国ばかりでなく、カナダ、オーストラリアのような英連邦の一員だった国々も、韓国ばかりでなく北朝鮮も承認していたし、イギリス、ドイツなども同様であり、全世界で実に一六〇カ国が北朝鮮を承認している。また、かつて金日成が第三世界のリーダーとして注目されたバンドン会議の影響は、東南アジアに色濃く残っているため、この地域のほとんどの国が韓国・北朝鮮と国交を持っている。

北朝鮮の在外公館は、外貨不足のため運営が苦しく、なかには維持費を稼ぎ出すため、密輸に手を染めて、大使等が追放された例もある。しかし、無理をしてでも、多くの国々と国交を維持している。アフリカ諸国のなかには、北朝鮮に大使館を設置する余裕のない国もあるが、北側は現地に公館を置いている。また、これらの国々の兵士の訓練、銃器の輸出など、深い関係を持っているケースもある。北朝鮮は、日本で考えられているほどには孤立してはいない。もし、寧辺を公開して非核化が成ったとなれば、国連に加盟するほとんどの国々が、もろ手を挙げて歓迎するはずである。

こうして、北朝鮮の非核化が完成し、国際社会は北の窮状を助ける方向へ動き出すにちがいない。

だが、はたして、北朝鮮は核を捨てるのだろうか。

北朝鮮のウラン埋蔵量に関して、最近、専門家から重大な意見が出された。北朝鮮が石油を除く天然資源大国であることは、戦前の日本統治のころから判っていた。石炭や鉄鉱石の産出量は、内需を遥《はる》かに超えていた。現在も中国へ輸出しているが、制裁で中断したということになっている。

石炭に関しては、最近、新しい情報が飛び込んできた。北朝鮮が、制裁によって燃料不足に陥っていることは、広く知られている。そこで、石炭の液化に着手し、それなりの成果を得ているのだという。石炭液化はクラッキングと呼ばれ、べつだん珍しい技術ではない。戦前の日本でも実用化に着手していた。しかし、経済的に引き合わないため、どの国でも実用化されていないだけなのだ。

また、タングステンは、電球のフィラメントとして使われ、日本時代から大量に産出していた。しかし、ウランは、かつてはガラスの発色剤や、夜光時計くらいしか用途がなかったため、資源量の調査なども行なわれなかった。ところが、北朝鮮のウラン資源が、どうやら世界最大級ではないかと、想定されるようになったという。もしかしたら、世界最大の埋蔵量を持つとされるオーストラリア以上ではないかとすら、推定されるという。

北朝鮮は、莫大《ばくだい》なウラン資源を、どう使うつもりなのだろうか。今、北朝鮮には、寧辺の老朽化した小型のガス冷却炉が一基あるだけで、もちろん原子力発電所などは、一基も存在しない。今後、発電に向かうとすれば、民生の向上のためではなく、膨大な電力を必要とするウラン富化（濃縮）工場の増設のためにちがいない。

北朝鮮は、最初はプルトニウム型の核兵器を追求していた。プルトニウムは、原子炉で生成される。しかし、ウラン型の場合は、ウラン鉱石を製錬して、さらに自発核分裂能力のあるU_{235}を富化することさえできれば、ただちに核兵器に使える。通常、遠心分離法が採用されているし、北朝鮮でも用いられている。

わたしは、人形峠のウラン富化テストプラントで、訊《き》いてみたことがある。日本の遠心分離機の性能は、国際的に見てどの程度のものかと、たずねてみたところ、係員は首をかしげて、こう答えた。

「さあ、さっぱりわかりません」

日本のエネルギー政策の根幹に関わる問題だけに、無責任な答えだと憤慨したものだったが、実情はこうだった。各国ともに、遠心分離機の性能は、軍事機密だから公表していない。したがって、日本の遠心分離機の性能は、国際比較する対象がないから、判らないとしか答えようがないのだという。

北朝鮮の遠心分離機の技術水準が、どれほどのものか判らないながらも、ウラン型の核兵器のテストに成功していることから、いちおうの水準には達していると見るべきである。ウラン型の核兵器の製造には、もはや原子炉は必要でない。

また、ウラン型の核兵器は、プルトニウム型と異なり、いちいちテストする必要がない。イスラエルは、潜在的な核保有国だといわれるが、一度も核実験をしたことがない。わざわざ爆発してみせなくても、大丈夫だと判っているからだ。北朝鮮が、核実験場を閉鎖したのは、もはや必要がなくなったからである。

また、舞水端里《ムスタルリ》、東倉里《トンチャンリ》等、火星《ファソン》ミサイルの発射場を閉鎖するとしよう。これら大型ロケットの発射場は、対アメリカという戦略の産物である。寧辺の公開によって、アメリカが体制保証を約束するなら、もはや大型ロケットは、必要なくなる。場合によっては、火星ロケットの廃棄を大々的に行なってみせるかもしれない。こうした演出に、国際社会は大いに理解を示すにちがいない。ただ、山中のトンネル内に設けられた中型ミサイルは、温存されるだろう。北朝鮮は、山中の格納庫から引き出された四基のミサイルを、同時に発射するデモンストレーションをやってのけたことがある。対韓国、対日本という目的なら、既存の盧洞《ロドン》、大浦洞《テポドン》ミサイルでも、充分に脅威を与えられるからだ。

核を放棄したとたんに、今より哀れな最貧国に

それでは、北朝鮮は、ほんとうに核を捨てるのだろうか？　答えは、ノーとしかならない。北朝鮮のウラン鉱山は、十カ所以上もある。日本の場合、人形峠が有名だが、品位が低く、採掘は中止されている。万一という場合のため、温存しておく方針だというが、当てにはなるまい。

北朝鮮のウラン鉱山は、各地にある。ざっと地名だけ挙げてみよう。羅先《ラソン》、新浦《シンポ》、興南《フンナム》、渭原《ウィウオン》、博川《パクチヨン》等が有名だが、少なくとも博川には、ウラン富化施設があるといわれる。どこも、もともと鉱山だけにトンネルがある。トンネル内部に何があるか、入って確認しないかぎり明らかでない。ウランの富化の純度を上げれば、小さな臨界量で核爆発が起こせる。地下で小型化の研究を行なっていても、外部から探査されることはない。

核関係ではないが、北朝鮮は、以前から毒ガスの研究に熱心だった。毒ガスは国際法で禁じられているが、あのオウム真理教が製造してテロに使ったように、比較的簡単に安く製造できる。そのため毒ガスは、「貧者の核兵器」とも呼ばれるほどである。

北はすでに、数千トンの毒ガスを保有しているという。

北朝鮮がウラン富化施設を今なお運転しているという報告は、専門家の口から何度も語られている。繰り返しになるがウラン型の核兵器は、原子炉なしで造れるのである。

また、米ソ（当時）対立の冷戦時代から、中ソ対立の時代へと、金日成の本当に天才的な指導の下《もと》、タカリ、ユスリ経済を実践してきた北朝鮮の伝統がある。非核化の成功（?）は、各国から莫大な援助を引き出せるはずである。

北朝鮮は、核を捨てるつもりはない。いつでも再開できるように、ウランの富化は続けるだろうし、最低限のミサイル戦力は隠し持ち続けるにちがいない。なぜなら、北朝鮮は核を放棄したとたんに、哀《あわ》れな最貧国に転落するからである。

現在、北朝鮮の食糧事情は、二、三〇〇万人の餓死者を出したといわれる90年代の「苦難の行軍」と呼ばれる飢餓状態に近いと分析する専門家もいる。しかし、ＷＦＰ（世界食糧計画）、ＦＡＯ（国連食糧農業機構）は、現地に入り、多くの制約の中で人道的な援助を続けている。なんらかの手を打たないと餓死者が続出するという予測もある。

問題は、北朝鮮が、核・ミサイル開発に向けている予算を、食糧増産、輸入など民生に振り替えれば、ただちに解決する。しかし、北朝鮮は、そうは考えていない。北朝鮮が、核・ミサイルを保有しているからこそ、国際社会は援助をするのだと、受け止めているのである。

第五章　このままでは、ミュンヘン会談の再現

歴史に学びたい、一つのケーススタディ

アメリカのトランプ大統領と、北朝鮮の金正恩《キムジョンウン》委員長との会談が実現した。また、次回の会談も発表されている。韓国の文在寅《ムンジェイン》大統領に至っては、日本憎しの一心からか、前のめりになって北朝鮮の金正恩委員長との会談を続け、ソウルへ招こうという段取りまでしている。情勢は、平和の構築に向けて、大きく舵《かじ》を切ったかのように見える。また、国際社会にも、こうした変化を歓迎するムードがある。

〈過去に目を閉ざすな〉は、韓国の日本非難の常套句《じょうとうく》だが、もともとは西ドイツ（当時）のヴァイツゼッカー大統領の「過去に目を閉ざすものは、現代についてもやはり盲目となる」という演説から来ている。いかにも良心的な反省の言葉のように聞こえるが、ナチス・ドイツがしでかした歴史的な暴挙を考えれば、いかにも空疎《くうそ》に響く言葉である。ヴァイツゼッカー自身、父親がナチス党員だったことへの反省もこめて、歴史に学ぼうと訴えたのである。その一方で、ヴァイツゼッカーは、父祖のしたことに子孫は責任がないとし、あたかもナチスを擁護《ようご》するかのような発言すら残している。有名な演説によって、いわば疑似イベントとなってしまい、実際以上に美化さ

れてしまったのだろう。

韓国では、日本人を悪の権化《ごんげ》のように仕立てる一方で、日本人が〈過去に目を閉ざしている〉とし、ドイツ人は反省したが、日本人は反省していないと非難する。実際は、〈過去に目を閉ざしている〉のは、韓国人のほうである。そこで、この章では、ケーススタディとして、〈目を閉ざしてはならない〉ある歴史に目を向けてみようと思う。

イギリスは、ヒトラーのドイツといかなる関係を結んだか

私《わたくし》ごとながら、今から八十一年前の1938年は、わたしが生まれた年である。この年、アドルフ・ヒトラー率いるナチス軍は、チェコスロバキアのズデーテン地方に攻め込んだ。ズデーテン地方は、もともとドイツ系の住民も少なくなく、かれらがチェコ人から迫害、虐待を受けているという理由づけも行なわれた。しかし、これは、ナチスのゲシュタポ（秘密国家警察）による偽装工作だったと、のちに判明する。

しかし、盗人《ぬすっと》にも三分《さんぶ》の理《り》ではないが、当時は、ヒトラーの言い分にも、耳を傾け

る国際世論が存在した。かのベストセラー『我が闘争』（Mein Kampf）は、世界各国語に翻訳され、それなりに評価されていた。もちろん、その内容には、ユダヤ人に対する反発、憎悪も含まれていたが、そのことが歴史上かつてない大虐殺（holocaust《ホロコースト》）に発展すると予見した人はいなかった。

アメリカでは、自動車王ヘンリー・フォードが、熱心なヒトラー・ファンとして知られていた。大西洋横断飛行で有名なチャールズ・リンドバーグも、ヒトラーのシンパだった。さらに、フランスのココ・シャネルもまた、ヒトラーの崇拝者だった。日本でも、『我が闘争』はベストセラーとなり、ヒトラー・ユーゲントの少年団が来日したときは、あの北原白秋《きたはらはくしゅう》が、歓迎の歌の作詞を買ってでている。

イギリスにも、興味深い人物が現われる。オズワルド・モズレイという準男爵《バロネット》である。準男爵は、貴族ではないが、貴族および準男爵という扱いで、名家である。このモズレイ、ヒトラーに傾倒し、イギリス・ファシスト同盟を組織して、党首に収まり、ある程度の支持を集めることに成功する。折しもチャーチルのもとで、敵国に内通する者を罰する法律ができ、これに引っかかり拘禁《こうきん》されるなど、波乱万丈の生涯を送り、戦後も政治活動を続けるものの、ヒトラーにかぶれた前歴のため巧《うま》くいかず、フランスで84年の生涯を終える。モズレイは、たしかにナチスに傾倒したのだが、生涯ユダヤ人への差別・迫害を示唆《しさ》する行動を取ったことがなかった。その点だけは、救いとなった。

ヒトラー、そしてナチスの人気を、国際的なものに押し上げたイベントがある。この二年前に行なわれたベルリン・オリンピックである。レニ・リーフェンシュタール（Leni Riefenstahl）女史が監督した映画『オリンピア』は、世界中に感動を巻き起こした。映像を通して観《み》るオリンピックは整然とした秩序のもとで行なわれ、その裏にある醜悪な思想を覆《おお》い隠してしまった。日本でも、『民族の祭典』および『美の祭典』の名で公開され、ナチス贔屓《びいき》の朝日新聞など、おおいに称賛した。ナチスは、軍服を超一流のデザイナーに依頼するなど、民衆を操縦することに秀《ひい》でていたが、ベルリンでは世界初の聖火リレーをプログラムに加え、世界をアッと言わせたものである。

こうした世界的なトレンドの最中、イギリス王室を巻き込んだ、ドイツがらみの事件が発生する。イギリス王家では、ジョージ五世の跡《あと》を受けて、王位継承者のエドワードが即位したのだが、わずか十一カ月で、ある不祥事を起こした。しかし、このニュースは、さながら美談のごとく全世界に伝わった。新王エドワード八世は、かねてから愛し合っていたウォリス・シンプソン夫人との愛を貫《つらぬ》いて、王位を捨てたのである。「王冠を賭けた世紀の恋」は、またたく間《ま》に世界中に広まり、多くの人々の共感を呼んだ。

二人は、数年来の交際を経ていたものの、ウォリスには離婚歴もあり、しかも当時も結婚しているという複雑な状況にあった。現代風に言えば、エドワード八世王は、夫のある夫人と不倫関係を続けていたことになる。英国国教会《アングリアン・カルチャー》は、ローマン・カトリックから分かれたものだけに、不倫、離婚には厳しい。エドワードは、ウォリスとの結婚を望んだが、母后をはじめ、王室すべてが反対している。

暗部を隠した独裁者が、いかに魅力的に見えたか

こうして、エドワードは、王位を捨てることになるのだが、その一方、ナチスおよびヒトラーに傾倒していく。これには、裏があったという。王が、ナチスに興味を抱いたのは、ウォリスのせいなのである。奔放《ほんぽう》なアメリカ女性ウォリス・シンプソン夫人には、離婚の前歴もさることながら、裏の顔があったという。若いころから、金持ちの良い男を見つけて結婚すると、周囲に語っていたという野心家である。

最初の夫とは、DVと女癖とアルコール依存症が原因で別れたというから、この離婚は彼女のせいではないが、それを機《き》にイギリスへ渡り、同じくアメリカ出身で、父の故郷イギリスで働いていた会社社長アーネスト・シンプソンと結婚し、夫の顔の広さから、イギリス社交界にデビューしている。

しかし、そこで、ウォリスが、最初に知り合った人間は、王子エドワードではない。ヨワヒム・フォン・リッベントロップという駐英ドイツ大使である。リッベントロップは、後にナチス・ドイツの外相となる。二人とも既婚者だが、交際が始まった。一時、ウォリスは、ヨワヒムの愛人同様だったともいう。かれは、当然のごとく、ナチス思想の素晴らしさをウォリスに吹き込む。その縁で、彼女は、のちにエドワードをリッベントロップに引き合わせることになる。エドワードは、ウォリスを通じて、ナチス思想に染まっていく。王位継承者として、そして即位して王となってからも、エドワードのナチス贔屓は、変わらなかった。

王位継承者エドワードの人妻との不倫、やがて敵となるかもしれない国ドイツへの思い入れなど、ウィンストン・チャーチルは、大いに危惧《きぐ》していた。しかし、時のボールドウィン首相の退位を求める態度には、むしろ批判的だった。チャーチルは、王室に忠誠を誓う政治家だったからだ。しかし、王室、政界ともに、ウォリスとの愛を貫こうとするエドワードに対して反対を強めると、さすがのチャーチルも、かばいきれなくなった。

それには、チャーチルのドイツ嫌い（Ｔｅｕｔｏｐｈｏｂｉａ《チュートフォビア》）が作用したようである。チャーチルは、１９３２年にドイツを訪れている。ヒトラーとの会見も予定されていたが、チャーチルが反ユダヤ政策を批判したことから、ヒトラーのほうからキャンセルしてきた。このときから、チャーチルは、ドイツが将来の禍根《かこん》となることを予見していた。こうした実体験から、さすが王室に忠実なチャーチルも、エドワードの退位を、認めざるをえなくなった。

王は、1936年、BBC放送のラジオを通じて国民にメッセージを伝え、王位を捨てた。「王冠を賭けた世紀の恋」に、全世界が感動の渦《うず》に包まれた。王位を捨てることによって、愛するウォリスと晴れて結婚し、いわば自由の身になったエドワードは、なんとヒトラーの山荘ベルヒテスガーデンに、ウォリスとともに出入りするようになる。エドワード夫妻は、英王室の母后ばかりでなく、新たに王位に就いた弟のジョージ六世、姪のエリザベス（現国王）とは、まったくの義絶状態に陥《おちい》っていた。

ヒトラーにとって、これほどの宣伝材料はない。イギリスの元国王が、ナチスの同調者なのである。国際的にも、大々的にPRに努める。さすがのチャーチルも、放っておけなくなった。夫妻がスペイン旅行に出た際、イギリス領のジブラルタルに諜報部隊を待機させ、拉致《らち》同様にして軍艦へ運び込み、イギリスへ連れ戻したという。

以後、エドワードは、ナチスの手の届かないバハマ総督という閑職に追いやられて戦後を迎える。ナチスドイツの軍需大臣で、巧《たく》みな英語とフランス語を駆使して、要人のうち唯一《ただ》人だけ死刑を免《まぬが》れたアルベルト・シュペーアは、戦後になってから、ヒトラーが、エドワードを奪われて切歯扼腕《せっしやくわん》していたと伝えている。

余談が長くなったが、暗部を隠蔽した独裁者が、いかに魅力的な存在に映るかを、例証したかったのである。

第一次大戦に敗れたドイツは、ベルサイユ条約によって、莫大《ばくだい》な賠償金を課され、天文学的なインフレに見舞われた。そんな瀕死《ひんし》の状態にある中、突如現われた天才的な指導者アドルフ・ヒトラーによって蘇《よみがえ》った。欧米や日本のマスコミは、ヒトラーが理想の国を作り上げたかのように錯覚したものである。

ヒトラーは、条約違反を承知で諸国の目を盗んで、再軍備に取り掛かっていた。戦車部隊などは、友好関係にあったソ連で、密《ひそ》かに試運転や訓練を行なわせている。

また、先の大戦のユトランド沖海戦において、敗れたとはいえ英国海軍に大打撃を与え勇名を馳《は》せたドイツ海軍の再建にも乗り出したが、建艦には膨大な時間と費用がかかる。なんとか戦艦ビスマルクやティルピッツを進水させたものの、大艦隊の復活には至らず、潜水艦Uボート《ウー》に特化するしかなかった。一方、禁止されてはいたものの、空軍の再建は、相当に順調に進んでいた。こうして、ドイツ再軍備は、着々と進められていたのである。

１９３６年、奇《く》しくもエドワード退位の年、ヒトラーは、条約によって非武装と定められたラインラントにドイツ軍を進駐させている。このとき、英仏からは、通りいっぺんの非難はあったものの、わずかにチャーチルが激怒したくらいで、なんら制裁は行なわれなかった。膨大な賠償金、天文学的なインフレを克服したドイツに同情し、むしろ称賛する世論が、ヨーロッパ中にみなぎっていたからである。ドイツ領にドイツ軍がいてどこが悪いのか、といった開き直りが、かえって認められてしまう始末だった。

こうしたヨーロッパ各国の情勢を読んだ上で、ヒトラーは、１９３８年にズデーテン進駐を決行したのだが、さすがに今度ばかりは、多くの非難が沸き起こった。ラインラントと異なり、ズデーテン地方は、チェコ領である。明らかに侵略になる。

もし、英仏が協力してドイツを止めていれば……

これに先立ち、ドイツは、オーストリア併合に成功している。オーストリアは、ヒトラー自身の故郷であり、大戦前のハプスブルク家のオーストリア・ハンガリー帝国が瓦解《がかい》したあと、アイデンティティの崩壊に悩む同じドイツ系の住民が、ナチスを支持したため、むしろ平和裏《り》に歓迎されて、併合が進められた。これで味をしめたヒトラーだが、チェコ領のズデーテン地方は、難題だった。

チェコ、フランス、ソ連は、相互援助条約を結んでいる関係にある。ソ連は、中部ヨーロッパへの足掛かりとして出兵をほのめかし、ルーマニア領の通過を求めてくる。ソ連のプレゼンスが拡大することを、ルーマニアはもとより歓迎する国はない。これは、沙汰《さた》やみになるが、フランスのエドワール・ダルディエ首相も、苦慮する。チェコとの関係から、武力行使の可能性も検討する。チェコ政府も、対決姿勢を示す。

いったんは、さしものヒトラーも、侵攻をあきらめかけたが、強硬策を崩さない。

歴史にもしもは禁物だというが、もしも、あの時、英仏が共同して、ヒトラーを叩いていれば、おそらくわずか数千の犠牲で問題が解決されていたろう。いまだ再軍備が達成されていないドイツは、手もなく敗れ去ったにちがいない。敗戦によって、面目を失ったヒトラーが、二度と権力の座に就くことは、ありえなかったはずだ。

また、ドイツ国内にも、反対があった。先に挙げたヴァイツゼッカーの父親は、ナチス党員であるにもかかわらず、あえて反対を表明したことが戦後に評価され、戦犯としての刑を軽減させることにつながったという。この時点では、ドイツ国内でも、いまだヒトラー総統の神格化は、完成していなかったのだ。

ヒトラーの暴挙に対して、国際世論は、にわかに沸騰した。チェコは総動員令を発し、ドイツ軍との対決を目指し、同盟関係にあったフランス首相ダルディエも、出兵する方向で動員を始めた。一方、イギリス首相ネヴィル・チェンバレンは、ヒトラーの山荘ベルヒテスガーデンにおもむき会談したが、交渉は難航した。英仏共同で、ヒトラーに対して軍事行動に出る案も検討された。

そこで1938年9月、ドイツのミュンヘンにおいて、仲介役のイタリアのベニト・ムソリーニ首相を加えて、四者で会談が開かれた。これがミュンヘン会談である。ヒトラーは、ズデーテン地方への出兵は、あくまでドイツ系の住民保護のためであって、それ以上の領土的野心はないと釈明し、英仏伊の首脳も納得した形になった。とくに融和策を主張したのが、英首相チェンバレンだった。

戦争が阻止されたとして、領土を奪われたチェコ以外、世界中が歓喜の渦につつまれた。チェンバレンとヒトラーは、その年のノーベル平和賞の下馬評に挙がっていたという。

しかし、それから数年ならずして、Ⅱ号、Ⅲ号戦車の大軍による電撃作戦《ブリッツ・クリーク》が展開され、メッサーシュミット戦闘機、ハインケル爆撃機からなる空軍《ルフトヴァッフェ》が天を覆《おお》い、U《ウー》ボートの大艦隊が群狼作戦《ヴォルフス・ルーデル・タクティーク》による通商破壊戦を敢行し、数千万トンの船舶が海の藻屑《もくず》と消え去った。フランスが誇る要塞地帯マジノ線は、ナチスの戦車の迂回作戦によって、なんの役にも立たず、フランスは第一次大戦とは逆に、とうとう降伏に追い込まれた。ヨーロッパ全土が戦火にさらされ、多くの国々がナチスに席巻され、数千万の戦死者を出す大戦に発展したのである。

北から核で挑まれれば、日本は一切の拒否ができない

英首相チェンバレンは、歴史に汚名を残すことになる。ミュンヘン会談での独裁者への融和策が、途方もない犠牲を招くことを、まさに実証したからである。ヒトラー

歴史に汚点を残した会談

1938年9月、ミュンヘンでチェンバレン英首相(中央)を迎えるヒトラー(左端)。右端はリッベントロップ独外相、左から二人目はヘンダーソン駐独英大使

写真/World History Archive/ニューズコム/共同通信イメージズ

を信じて、その約束に乗せられた件に関しては、ボールドウィン前首相の助言を受けたとも弁解しているが、やはり独裁者と意気投合した責任は、免れないだろう。われわれはともすれば、独裁者は、なんらかの武力に訴えて、権力を握ったものと誤解しやすい。

ヒトラーは、ミュンヘン一揆で投獄されるなど、一時は武力革命という路線を取ったこともあるが、選挙で、つまりドイツ国民の総意によって、政権の座に就いたのである。われわれは、〈過去に目を閉ざさない〉ためにも、ヒトラーという途方もない怪物（Ungeheuer《ウンゲホイアー》）を選んでしまったドイツ人の国民性にも、常に留意しなければなるまい。かの南京大虐殺の仕掛け人ハインリヒ・ラーベも、ドイツ人である。今また、ドイツ人の多くは、かれらの歴史的な悪行の責任を軽減させるためか、いわゆる従軍慰安婦、戦時徴用工などの疑似イベントの流布《るふ》に、熱心に協力している。蛮行を働いたのはドイツ人だけではない、日本人も同様だということに、してしまいたいのである。

しかし、ドイツ人が、しでかしたことと、日本人がしたことでは、雲泥の相違がある。日本人は、朝鮮人を日鮮一体化という政策で、日本国民として扱った。朝鮮人を鏖殺《みなごろ》しにしようなどと考えたことは、かつて一度もない。日本人は、ドイツ贔屓（Teutophile）が多いが、相手も同様に考えてくれるわけではない。

また、ファシズムというと、なんとなく右寄りのものというふうに、われわれ日本人は、洗脳されているが、ナチスが、社会主義を標榜《ひょうぼう》して大衆をポピュリズムに駆り立て、全世界を破局に追い込んだことも忘れてはなるまい。

今、米朝交渉は、暗礁に乗り上げた感がある。北朝鮮は、真摯《しんし》な態度で非核化に邁《まい》進《しん》している姿勢を示すだろうが、あくまでポーズでしかない。やがて、北朝鮮の核が、周辺諸国を恫喝《どうかつ》する日が来よう。食糧をよこさなければ核攻撃を加えると迫られた際、日本が拒否することはできまい。また、食糧ばかりでなく、機械、兵器まで、要求されるかもしれない。あるいは、後の章で詳述するつもりだが、韓国と組んで日本に対し戦端を開くかもしれない。

アメリカのトランプ大統領は、金正恩《キムジョンウン》と意気投合したかのような感想を漏《も》らしている。ミュンヘン会談の再来にならなければいいと感じたのは、わたしだけではあるまい。ただ、トランプ大統領はなかなかの曲者《くせもの》で、相手を上げたり下げたりするのが得意だから、この感想はリップサービスの域《いき》を出ないとする分析もある。そっちの分析に期待したいところである。

第六章

はずべき民族、韓国・朝鮮

韓国の強烈な発信力は、どこから来ているのか

　韓国、朝鮮は、もともと同じ民族の国家だから、その行動原理《ビヘーヴィア》（behavior）も同じである。かれらには、自分の理屈しかない。主義主張を前面に押し出し、ものごとを検証しようとしない。はずべき民族、などと言うと、またぞろヘイトスピーチ扱いされかねないが、はずとべきで生きているのである。したがって、かれらとの合意や協定は、かれらの意向しだいで、いつでも無視される。

　これまでも、なにかの合意ができても、無視されるどころかかえって以前よりハードルが上がってしまうケースがあるのは、いわゆる慰安婦合意においても明らかである。では、どうすれば良いのか。相手の立場に立って考えるという日本的な方法論を捨てることである。

　慰安婦合意にしても、戦前多くの売春婦がいたという事実が忘れられてしまい、なぜか日本軍の強制があったかのような疑似イベントが、まかり通ってしまった。どうせ役に立たないし、かえって反日を拡大再生産させるだけだから、この際、あの日韓合意は日本側から破棄し、拠出した資金は返還してもらうべきだろう。

その上で、真実を訴えるべきである。慰安婦＝売春婦は、自分や身内の意思で身売りしたケースがすべてで、日本の官憲、軍隊は、業者の依頼を受けて軍医が診察、治療した以外には、いっさい関与していない。この事実には、はっきりした聞き書きも存在する。

最初にカミングアウトした金学順《キムハクスン》さんの例では、母親の再婚相手である朝鮮人の義父によって、釜山の置き屋へ売られたという証言が残っている。軍隊相手に売春するようになったのは、そのほうが稼げるからということで、満州へ渡ってからである。

こうした事実が、あの新聞の手で、反日を貫くため故意に無視され、報道されなくなってしまったのである。あの新聞の開き直りなのだが、これに味を占めたせいか、報道しない自由を盾《たて》に、今では一種の言論弾圧に走《はし》るようになっている。社是《しゃぜ》かと問われると、社是などないと答えたものの、自社の主張に合致しない意見は報道しないのだから、形を変えた言論弾圧だろう。

また当時、売春は禁止されてはおらず、売春婦は、高給を得ていたなど、時代相を抜きにして、現代の価値観、モラルだけで裁くことはできない。こうした事実を、当時を知らない世代に対しても、周知徹底させるべきである。

もともとは、朝日新聞の誤報（捏造?）から発したものにしろ、全世界にわたって日本の名誉を泥まみれにする結果になっている。英語の説明でも、性奴隷（Sex Slave）、強制労働（Forced Labor）などという表現が、あたかも事実であるかのように、まかり通っている。

朝日新聞は、こうした表現を用いた元凶であるにもかかわらず、ひそかに削除したらしいが、きちんと訂正して謝罪するのが筋というものである。また、朝日新聞の責任において、全世界に向けて訂正の努力をすることが、クォリティ・ペーパーとしての責務のはずだが、未《いま》だに頬かむりしたままである。欠陥車の公開、検査不正の中告など、正直に広く知らしめたほうが、企業の良心と見做《みな》されるという認識が、一般には徹底している。情報に関しても同様だろう。誤情報、捏造など、認めたような認めていないような曖昧な態度を取ることは、かえってマイナスであろう。

いまや、並たいていのことでは、汚名を濯《そそ》げない。あの新聞が持つ国家をも凌《しの》ぐ強大な権力に対抗するのは、容易なことではない。

政府は、世界各国語で、英語など国連公用語ばかりでなく、相当数のスピーカーを持つ言語、たとえばスワヒリ語、ヒンディー語、ウルドゥー語などに翻訳して、実情を訴えるべきである。

多くの日本人が、知らないか、あるいは過小評価している韓国、朝鮮人の能力がある。それは、ものごとを歪曲《わいきょく》する発信力である。その奇妙な能力は、われわれの予想を超えている。

誰かに世話になった、あるいは恩義を受けた場合、そのことをオブリゲーション（obligation）に感じたくないため、妙な自尊心に捉《とら》われ、かえって相手の恩義、厚情を否定する。いわゆる〈日本隠し〉というものだが、隠すだけならまだしも、逆に攻撃的になり事実まで枉《ま》げてしまう。日本統治によって近代化したにもかかわらず、残虐非道な目に遭《あ》わされたと主張する。朝鮮動乱の際、アメリカに救われたにもかかわらず、アメリカさえ介入しなかったら、祖国統一が成っていたと言い出す。いずれも、同じ思考法の産物である。

しかも、かれらは、針小棒大《しんしょうぼうだい》どころか、虚構をでっち上げてでも、執拗《しつよう》に相手を非難し続ける。朴槿恵《パククネ》大統領が外国の要人と会うたびに、両国関係の話をさしおいても、日本非難を訴え続けたことは、記憶に新しいところである。アメリカの要人のなかには、米韓関係と関わりのない慰安婦問題ばかり聞かされ、辟易《へきえき》した人も少なくなかったという。あきれはてた末、日本では、言いつけ外交という呼び名ができあがったほどである。

ただ、日本では、一般に反日の激しさから、韓国・朝鮮人に対して険しいイメージを抱きがちだが、生身のかれらは、人懐こいくらいになれなれしい。それは、あの半島の過酷な歴史に由来するものらしい。相手が外国人であっても、己の人間力で関係を結んで、なにかの役に立てようと、日ごろから心がけているからなのだろう。おしゃべり好きで、陽気で歌が得意で、個人的にも、日本人より遥かに発信力がある。ここが、問題なのである。

アメリカの各地で、韓国系の住民が、現地の白人、黒人、ヒスパニック系などを巻き込んで、慰安婦の像などを、おっ立てることがあるが、事情を知らない現地の人々が、韓国人の発信力に乗せられているからだ。

日本人は、以心伝心《いしんでんしん》を理想として、むしろ寡黙であることを美徳とするが、欧米人には通じない。表面上にしても、韓国人の言うことのほうが、支持されてしまう。長いあいだ付き合ってもらえば、日本人の誠実さが武器になるが、一時的には、どうしても不利になる。韓国人を見習えとまでは言いたくないが、日本人も、もっと発信する努力をしないと、これからの国際社会から置き去りにされてしまうだろう。

だから、悪いのは常に相手側ということに……

韓国人には、よく言えば前向き、悪く言えば能天気《のうてんき》なところがある。幸せ症《ユーフォリア》（Euphoria）と言うが、なんでも自分に都合のいいようにしか解釈しないのだ。これも、あの国の過酷な歴史と関係がある。現実を直視すれば、あまりにも悲惨すぎて、意気消沈してしまうから、精神衛生上も好ましい解釈に浸《ひた》るのである。李氏朝鮮王朝のころは、東方君子の国と自称していた。誰も言ってくれないから、自分でそう言うしかなかったのだろう。現在の北朝鮮の夜郎自大《やろうじだい》のような大国願望も、そうした幸せ症《ユーフォリア》の症状の一部だと考えれば、理解できないこともない。

幸せ症《ユーフォリア》を支える行動原理《ビヘーヴィア》に、絶対に非を認めない国民性がある。非を認めると、幸せが崩壊する。朝鮮半島は、歴史上、常に中華王朝の冊封《さくほう》を受けてきた。また、中国を征服した異民族の王朝にも隷属してきた。さらに、国境から契丹《きったん》、女真《じょしん》、蒙古《もうこ》、靺鞨《まっかつ》など、精強な遊牧民族が侵入してくる。国土を荒らしまわる異民族に対して、下手《へた》に非を認めたりすれば、殺されるかもしれない。真っ先に、自分が有用な人間であり、利用価値があると売り込み、殺されずにすむように、精いっぱい努力しなければならない。

自分の命が懸《か》かっているだけに、ひとりでに発信力が、磨かれてくる。これまた、悲惨な歴史の後遺症である。

かれらにとって、悪いのは、常に他者である。自分を正義の立場に置かなければ、安心していられないのである。それは、とりもなおさず自信のなさに由来するのだが、かれらの世界では、虚勢にしろ、いつも自信に溢れた振りをしなければ生きていけない。韓国の歴史ドラマを観《み》るとよく判るのだが、おそろしく偏狭に権力にしがみつくシーンが少なくない。

かれらの理屈では、悪いのは常に相手のほうなのだから、徹底的に叩きつぶさなければならない。相手のほうも、それが判っているから、頑強に抵抗する。しかも、冊封を受けている中華王朝の意向がからんでくるから、国内の勢力関係通りには歴史が動かない。外勢を恃《たの》んだ少数派が、一夜にして逆転するというケースも少なくない。

そして日本が標的とされた

翻《ひるがえ》って日本史に目を転じてみよう。近世に至るまで、たった三回しか外国と戦争をしたことがない、人類史上まさに稀有《けう》な歴史である。国内の力関係さえ読んでいれば、負けたからといって、殺されることは滅多にない。同じ日本人同士だから、判りあえるのである。むしろ、これほど寛容な歴史のほうが、例外なのだろう。

中国系日本人の評論家・石平《せきへい》さんから聞いた話だが、中国の知人にいくら説明しても、判ってもらえない日本史上の出来事が、明治維新であり、特に徳川慶喜《よしのぶ》の処遇だという。中国人は、いつ殺されたか、どう殺されたかと、尋《たず》ねるそうである。最後の将軍慶喜は、公爵の位を与えられ、カメラを趣味として大正時代まで、悠々自適の生涯を送る。こう説明された中国人は、仰天するという。日本人は、中国人、韓国人には、とうてい理解しがたい寛容な国民性なのだろう。

話が飛躍するようだが、日本には体制《エスタブリシユメント》（Ｅｓｔａｂｌｉｓｈｍｅｎｔ）が二つ存在する。体制という体制と、反体制という体制である。朝日新聞などは、野党がぱっとしない現在は、反体制という体制のリーダー格である。もちろん、対立はしているのだが、一気に相手を叩きつぶそうなどとはしない。反体制という体制の側は、体制に取って代わろうという野心があるから、しきりに攻撃するが、体制側は、柳に風とばかりに軽く受け流すのがふつうである。

中国や韓国の歴史は、日本とは対極にある過酷な過程を経ているから、寛容とはほど遠いものになる。絶対に反対意見の存在を許さないのである。国内ですら、この有り様だから、まして外国が相手となると、徹底的に悪役のレッテルを貼りつけて追及し、触れてまわることになる。

目下のところ、その標的が日本なのである。韓国の反日は、かつてのような生易《なまやさ》しい水準ではない。限りなく拡大され、歪曲され、今や憎悪という域にまで達している。以前、日本統治時代《イルボントンチシデー》を経験した世代が現役だった時代には、反日ではあっても、併合された史実への自戒のためでもあり、けっして日本への憎悪を示さなかった。しかし、李承晩《イスンマン》以来の反日教育が、ありもしない悪逆無比《あくぎやくむひ》の日本人像を形成し、現在の韓国人は、そのバーチャルな日本人の虚像に対して、憎悪を募らせているのである。

日ごとに熾烈《しれつ》を極めていく、韓国・北朝鮮の対日憎悪に対して、日本は、相変わらず能天気である。戦後、いわば宗教の域に達した反戦平和というスローガンに、頑固にしがみついたままである。しかも最近、さらに平和教への帰依《きえ》が、狂信的になっている。このところ、自衛隊に関連する行事が、各地で中止に追い込まれている。

戦後、日本の安全保障に関する方針は、一度もぶれたことがない。軍事的にはアメリカに依存し、日本さえ悪さをしなければ、世界が平和になると、堅く信じてきた。戦争の記憶から、軍事的なことに、目をつぶっていさえすれば、平和になると妄信してきた。これには、日本人に戦争犯罪を認識させるという占領政策、いわゆる〈War Guilt Program〉が、大いに影響していたのだが、あちこちで専門家が解説していることだから、ここでは踏み込まない。

日本人が、いくら反省したり、謝罪したりしても、世界は平和にならないし、韓国の反日に至っては、ますます悪化するばかりである。こうしたことに気づきはじめる日本人も出ているものの、いまだに平和狂信者の力は、強大である。

共産党の主導によるリベラル派と自称する左翼の人々が、反自衛隊のスローガンのもとに、なにかのイベントに自衛隊が関わると、自治体などに電話攻勢をかける。ことなかれ主義の自治体側は、制服自衛官が参加するのはどんなものかなどと、口実を設けて行事を中止する。極端な話、かつて、沖縄では、自衛隊員の子弟の登校反対運動すら行なわれたことがある。

反戦平和という大義名分を掲げれば、誰も反対できない。それを見越して、反自衛隊、反日に利用しようとしているのである。こうした動きは、韓国・北朝鮮を利するだけである。

日本人は、軍備があると戦争が起こると洗脳されているが、まったく逆である。戦争は、軍備がない、あるいは軍事力の著《いちじる》しい不均衡が存在するとき、起こるものなのである。

母国・日本を貶《おとし》めて何か利益があるのだろうか

歴史を紐解《ひもと》けば、一目瞭然。海洋帝国ポルトガルは、小国ながら海外に雄飛し、国内が手薄になっていた。折しも国王が崩御し、直系の後継者がいなかったため、人選に手間取っていると見て、隣国スペインのフェリペ二世は、大軍を発してポルトガルを占領してしまった。これにより、一五八〇年から一六四〇年までの六十年間、ポルトガルは、スペインの治下に置かれた。東アジアでは、マカオなど、多くのポルトガル植民地が、スペインに接収されたため、ほとんどすべてのポルトガル人が、スペインの魔手を逃れて、日本へ逃げ込んでしまった。今なお、多くのポルトガル語が、日本語の中に生きているのは、それだけ多くのポルトガル人が、亡命同様に日本に住んでいたからである。

日本の運命を、獅子心中《しししんちゅう》の虫のような連中に託《たく》してはならない。一見、耳触りのよい反戦平和のスローガンの裏に、亡国の危険が潜んでいることを、幅広く啓蒙していく必要がある。

こうした事例は、歴史上いくらでも見つけられる。早い話が、韓国動乱も同様である。北朝鮮が、圧倒的に軍事的な優位性を持っていたから起こったのである。反戦平和を叫べば、平和が訪れるわけではない。

反戦平和がらみで、韓国に与えてしまった反日カードの最たるものが、いわゆる従軍慰安婦である。1991年、朝日新聞の植村隆《うえむらたかし》記者が、挺身隊《ていしんたい》の名で、幼い少女を軍隊相手の慰安婦にしたかのように、報道したことから始まった。後に朝日側は、この事実を否定せざるをえなくなるのだが、それでも、報道当時は、研究が進んでいなかったため、挺身隊と慰安婦を混同する誤報が発生したと強弁している。

しかし、これは、おかしい。今から、三十年ちかく昔の話である。朝日新聞には、小中学生として戦争体験のある社員が、いまだに退職せずに勤務していたはずである。知らないわけがない。わたしは、終戦時、国民学校（現在の小学校）の一年生だったが、女学生だった九歳年上の姉が、自転車に乗って、近くの中島飛行機の工場へ通っていたのを、はっきり覚えている。大戦末期、労働力が不足したため、中学生

(男子)、女学生なども、勤労挺身隊として動員されていたのである。

これまで、あちこちで書いたことだが、わたしの姉（八十九歳で存命）の名誉にも関わることである。わたしより遥かに年少の植村隆記者が、仮に知らなかったとしても、当時の上司が知らないはずはない。つまり、反日を貫くため、意図的な捏造に走った疑いが残るのだ。植村記者は、朝日を退職したのち、大学教授など要職を歴任するのだが、捏造の疑いは消えない。

さらに、植村記者は、このことを指摘した櫻井よしこ氏を相手どって、なんと名誉棄損の訴えを起こしたのである。植村氏側には、百人の弁護団がついたということで、実際に法廷にも三十数人が同席したというから、まさに驚きである。金と権力があれば、司法さえ左右できると、確信しているのかもしれない。

植村氏の訴訟は、却下された。捏造も含めて、己の側の言論の自由は保障しろと主張しながら、いっさいの批判は許さないというのでは、まさにファシズムである。もともとファッショとは、束《たば》になるという意味だそうだから、百人の弁護団は、まさにファシズムを象徴している。

いわゆる慰安婦、徴用工などの問題でも、支援者と称する反日日本人の団体が、ファッショとなって、ついてまわる。こうした人々は、国を売るような行為をして、恥ずかしくないのだろうか。

いったい、自分の母国である日本を貶めて、どんな利益があるというのだろうか。その果てに、待ち受けるものは、外国、異民族の支配による過酷な未来しかない。日本は、平和な歴史から、外国人による支配を受けたことがない。一度だけ、アメリカを中心とする進駐軍が、日本を事実上、占領したことがある。

私は、幼いころ体験している。のちに、いわゆる贖罪プログラムで、日本人の愛国心、民族的な誇りなどを奪うという狡猾《こうかつ》な統治だったと判明するが、直接の被害は、表面上それほど過酷なものではなかった。そのため、国が滅びるという危機意識は、育たないままだった。中韓の歴史は、もっと過酷である。王朝の交替のたびに、先王朝ゆかりの人々は、みな殺される。また、戦乱で国土が疲弊するため、農業生産が壊滅するため人口が激減する。

獅子身中の虫という言葉がある。中国では、買弁《ばいべん》（Ｃｏｍｐｒａｄｏｒ）という。

外国に内通する勢力のことである。国が滅びるとき、かならず買弁が現われる。いったい、日本の反日勢力は、わが国を、どこへ売り渡そうとしているのだろうか。日本ですら、こうした勢力がはびこる下地ができている。

今、隣国の大韓民国《テハンミングク》は、自ら進んで北朝鮮への傾斜を深め、自壊の道を歩みはじめている。日本も、ここらで目を覚まし、自ら国を守る努力をしなければならない。国防と言うと、なにかしら心理的な抵抗を感じ、忌避したがる人が多いのは、まちがいない。

しかし、これまで安全保障をアメリカに任せてきたのが、そもそも独立国家として、異常な事態だったのだ。これまで韓国の歴史について、冊封国家だと定義してきたが、日本も戦後はアメリカの冊封を受けていたようなものだ。真の意味での自立が求められているのだ。

第七章

高麗《こうらい》連邦の悪夢

「太陽政策」が破綻《はたん》した理由

現在のような北朝鮮寄りの路線を続けるかぎり、韓国は、日ならずして北に併呑《へいどん》されるだろう。北が主導する高麗《コリヨ》連邦《リヨンバン》という構想に、多くの韓国人が共鳴しはじめている。

高麗連邦とは1980年、北朝鮮の金日成《キミルソン》主席が、朝鮮労働党の三十五周年に当たる記念行事で演説したことに由来する。正確には、高麗民主連邦共和国《コリヨミンジユリヨンバンコンファグク》という名称である。趣旨としては、「平和、自主、民族団結による統一」を謳《うた》い上げ、一国、一民族、二国家、二制度という連邦制を提唱したのである。

ただし、これには、韓国の国家保安法の撤廃、在韓米軍の撤退、共産主義思想の解禁など、北朝鮮の論理による付帯条件がついていたから、当然のごとく韓国の全斗《チヨンドウ》換《ファン》大統領は拒否する。

ただ、この構想は折に触れて復活し、韓国側も理解を示すようになる。二十年後の2000年には、金大中大統領、金正日委員長のあいだで共同宣言が発せられた。韓国側は、さすがに北朝鮮の表現をそのまま使うことは躊躇《ためら》ったが、連邦《リヨンバン》ではなく連合《ヨナプ》という緩《おだ》やかな共同統治を認めたようなかたちになった。

続く盧武鉉《ノムヒョン》政権も、親・北の度合いを強め左傾していったが、スキャンダルで自滅したかたちになり、連邦構想までは手が回らなかった。

北朝鮮との融和は、民間でも行なわれる。現代財閥の創業者の鄭周永《チョンジュヨン》は、北朝鮮とのパイプの拡大を図《はか》り、北の食糧危機に際しては自ら牛五百頭を引き連れて北朝鮮入りをはたしたり、また莫大《ばくだい》な入山料を支払って、金剛山観光を立ち上げたりしている。金剛山は、「金剛山も食後の景だ《クムガンサン・ド・シクフ・キヨン・イダ》」（花より団子）と、諺《ことわざ》にも謳われる名山である。だが、北朝鮮がふんだくった現代財閥の資金はミサイル開発に使われるだけで、韓国人観光客が押し寄せることを快《こころよ》しとしない北側は、観光客の射殺事件を起こし、計画は中断される。

また、開城《ケソン》工業団地も、韓国側の融和策だが、北朝鮮を軟化させることはできなかった。北の安い労働力を利用して、アパレル産業などで外貨を稼がせ、北を開放の方向へ誘導しようという心づもりだったようだが、あえなく挫折《ざせつ》する。『北風と太陽』というおとぎ話にちなんで、太陽政策と名づけられた対北朝鮮政策は、完全に破綻《はたん》したのである。核・ミサイル開発の時間と費用を稼がせるだけに終わってしまった。しかし、徒労《とろう》に終わってしまったにもかかわらず、韓国は北朝鮮との関係改善に前のめりになっている。同じ民族という幻想に、はまりこんでいるからだろう。

だが、北朝鮮は、ほんとうに平和を望んでいるのだろうか。核・ミサイル開発に乏《とぼ》しい国費のほとんどを注ぎ込んできただけに、疲弊した北側から見れば韓国の経済力は魅力的に映る。しかし、これまで、北朝鮮では、共和国南半部（韓国）は、乞食と売春婦がひしめく貧しい国と、人民に教えてきた。したがって韓国との交流を、人民レベルで進めるのは、望ましいことではない。なぜなら、経済発展している韓国の実情が、人民に知れ渡ってしまうからである。人民は党中央に騙されていたことに気づいてしまう。

実際、韓国文化は、中朝国境から密《ひそ》かに流入している。鴨緑江《アムロクカン》、豆満江《トウマンガン》を越えて、中国の朝鮮族から、韓国のビデオ、書籍など、北朝鮮に持ち込まれている。当局は、摘発に躍起《やっき》になっている。場合によっては、死刑をもって臨《のぞ》んでいるほど神経を尖《とが》らせているのだ。

北の政府は、人民が外国人あるいは韓国人と接触を持つことを、極端に恐れ嫌っている。なぜなら、北朝鮮しか知らない人民を、長年にわたって、たばかってきた嘘が露見してしまうからだ。

失うもののない北朝鮮、裸同然の韓国

結局のところ、北朝鮮には、韓国から取るものだけ取って交流を控《ひか》えるしか道がない。韓国の実情が、知れ渡れば、下手《へた》をすれば体制崩壊につながりかねない。そこで、しばらくのあいだは、北が言う連邦《リョンバン》、韓国が言う連合《ヨナプ》というかたちで、経済面だけの交流を進め、なるべく人的交流を避ける道に進むだろう。

さらに、非核化が完成すれば（?）、交流は増えるにちがいない。制裁が解除されると、金剛山観光や開城工業団地も、再開されるだろう。喉から手が出るほど欲しい外貨を獲得するため、外国人観光客の誘致にも努《つと》めるだろう。公開された核基地寧辺《ニヨンビヨン》も、観光の目玉になるにちがいない。喉《のど》から手が出るほど欲しい外貨を稼ぐチャンスだが、一方、人民に外側の世界を知られてしまう危険も伴う。

現状ですら北朝鮮は、先に述べたごとく、一六〇カ国と外交関係を持っている。しかし、たやすく入国できるわけではないから、観光面から言えば、最後の秘境とも言える。今ですら、アメリカのような国交のない国からも、いわば怖いもの見たさでやってきて、スパイ容疑で捕まったり、拷問されたりする観光客が出ている。公開されれば行ってみたいと思う、通常の観光地に飽きた観光客が、急増するにちがいない。全体主義国家にしかできないマスゲームなども、観光の売り物になるだろう。

その場合でも、ふつうの人民と外部との接触は、厳重に管理されなければならない。北朝鮮が、一種の究極のカースト社会だということは、あまり知られていない。すべての人民が、党性《タンソン》と成分《ソンブン》という二つのものさしで細かく分類され、人民台帳に載《の》せられている。党性とは、朝鮮労働党における身分と忠誠心である。成分とは、出身階級である。これも細かく分かれていて、先祖がブルジョア、地主、日帝協力者、在日朝鮮人だったりすると、低いと見做《みな》されるが、抗日義勇軍やプロレタリア階級の出だったりすると、高い扱いになる。北朝鮮のような全体主義国では、この身分階層の中でしか生きられない。旧ソ連でも、プロレタリア独裁というスローガンから、ある程度までは、出身階級による区別があったが、ここまで細分化しているわけではない。

これまでも、外国人、韓国人と接触するのは、党性、成分ともに申し分のない人間に限られていた。万一、亡命でもされたら一大事だからだが、それでも、在外公館の要人の中からも亡命者が出たりする。一月七日から四日間、金正恩氏は、四度目の訪中を行なった。中国側の招待である。中国式の改革開放路線を、これまでも採用するよう呼び掛けてきた流れで、今回も北京近郊の工業団地など、視察させている。しかし、かつて叔父張成沢《チャンソンテク》を、高射機関砲で銃殺するという残忍さで殺害したときも、張が中国式の改革路線を進めようとしたことに反発したからである。北朝鮮では、改革開放方式は採れない。なぜなら、中国のような改革開放を行なえば、党性や成分の低い人間が、起業家《アントレプレナー》（Ｅｎｔｒｅｐｒｅｎｅｕｒ）として成功することも起こりうる。そうなれば、カースト制度が崩れはじめ、体制が瓦解《がかい》する危険にさらされるわけである。

したがって、中国にならって一国二制度という緩《ゆる》やかな連邦制を続けるにしても、それが最終目標にはなりえない。いくら規制しても韓国の技術、文化が流入する。そのうち人民の多くが政府の宣伝に踊らされていただけで、実際は韓国のほうが進んでいることを知ってしまう。北朝鮮にとって幸いなことは、南の文在寅《ムンジェイン》政権が、北に対する警戒を、ほとんど解いてしまっている点である。伝統の南進政策が、机上に上ってくる。

中国と台湾の場合、さすがの中国も、いきなり台湾を武力で併合することはできない。毛沢東時代のような冒険主義は、もはや不可能である。習近平主席は、台湾に対して、あらゆる選択肢を捨てていないと明言しているが、武力も含めた脅《おど》しの域を出ない。中国では、共産主義は建前に堕《だ》してしまい、いわば国家資本主義というべき段階に達し、きわめて高い貿易依存度に頼って、先進国に伍《ご》している。なにか乱暴なことをしでかせば、ただでさえアメリカとの貿易戦争にあえいでいるというのに、株価の大暴落を招き、経済を破滅させかねない。

しかし、北朝鮮は、なにも失うものがない。しかも、豊かな韓国は、いわば裸同然の状態である。北朝鮮は、ある誘惑に駆られるはずである。非核化して、改革開放へ向かっているかのようなポーズを示しても、しょせんは弥縫策《びほうさく》の域を出ない。いつまで続くという保証もない。北が取るべき手段は、金日成以来の伝統の南進策しか、残されていないのだ。

北朝鮮の正面装備が、韓国と比べると劣悪なものだと、前に説明した。しかし、軍事衝突は、さまざまな要素で起こりうる。誰しも、苦手な方策で敵と戦おうとはしない。自分の得意な方法に訴えるのが、当然である。

ソウル陥落のシミュレーション

しばしば自分の土俵で戦うという比喩《ひゆ》が、用いられる。日米戦争が、そうだった。日本は、航空戦力に頼り、緒戦《しょせん》の勝利を勝ち取ったものの、その教訓を忘れ、艦隊決戦を夢見るようになった。アメリカ艦隊が、負けると判っていて、戦艦大和の18インチ主砲の前にのこのこと出てくるわけがない。アメリカは、戦艦の利用法を変えた。艦砲射撃によって、陸上の敵陣地を攻撃する目的だけに使用した。

その意味では、北朝鮮にも自分の土俵が残っている。十万人ともいう特殊部隊である。猛訓練のたまもので、冬の白頭山中を、40キロの武器、弾薬、食糧を担いで、三日三晩まったく眠らずに行動できるといわれる精鋭部隊である。韓国は、軍事分界線近くの警戒飛行を止めてしまった。また、国内の防諜努力も放棄してしまった。かつて警備が厳重だったころですら、北から亡命した金一族ゆかりの李一男を、暗殺するだけの組織があったというのに。当時より遥かに多くの北の工作員が、韓国へ入り込んでいる。

今、韓国領では、多くの土台人《トデーイン》が、暗躍している。北が密かに掘り進めた南進トンネルのうち、三本は韓国側で発見されていて、そのうちの一本の内部をわたしも見学したことがあるが、他にもたくさんあるらしい。いま一歩だけ掘り進めれば南側へ出られるという未発見のトンネルを貫通させ、韓国軍の軍服を着た北の特殊部隊が、DMZを地下から通過して、韓国領内へ侵入する。

さらに北朝鮮には、とんでもない切り札の兵器がある。旧ソ連製のAN（アントノフ）−10という輸送機であり、三百機も装備されている。べつだん新兵器というわけではない。なんと、このAN−10、第一次大戦に出てくるような複葉機《ふくようき》なのである。

今もロシア国内の道路の通じていないような過疎地で、ローカル航空が使用している。ソウルの戦争博物館で実機を観《み》たことがあるが、単発のレシプロ機で、主翼が二枚もある。見るからに旧式な外観だが、意外に大きい。武装兵員が十名も乗れるという。二枚の主翼のせいで、揚力《ようりょく》が大きいから、時速七〇〜八〇キロという低速でも失速しないらしい。しかも、エンジンを止めても、グライダーのように、しばらくは滑空《かっくう》できる。レーダーの照射ができない地上すれすれを飛んで、夜間にソウルの後背地の田んぼにでも着陸すれば、たやすく特殊部隊を侵入させることができる。こちらの部隊は、韓国の一般人に変装する。北の工作員がよく使うチェコ製のVZ−61サブマシンガンは、銃身長12センチしかないから、背広の下にも隠し持てる。

ソウル北方からは、秘密トンネルを通って、韓国兵に変装した数万の特殊部隊が侵入する。一方、市街地の南からは、一般市民に偽装した数千の部隊が、北上する。また、ソウル市内に潜伏していた土台人たちも、特殊部隊を誘導する。最初に、政府関係庁舎とマスコミを押さえる。軍のクーデターと思わせるなり、あるいは文政権の名を騙《かた》ったりして、やがてソウル市内を掌握する。

こうして、ソウルが北朝鮮の手に落ちる。韓国は、首都ソウルへの人口集中が、極端に高い国である。総人口の二割に当たる一千万人のソウル市民が、そのまま人質同様になる。動乱の際、米軍が介入しなければ祖国統一が成ったなどと、とんでもない寝言を口にする学者もいるくらいだから、北朝鮮部隊を歓迎する動きが出るかもしれないが、そのあとには地獄が待ち受けている。

ソウルを押さえられては、他の地域にいる最新装備の精鋭も、手も足も出ない。そうこうするうちに、DMZを越えて、四千輛の旧式戦車が続々と南下してくる。いくら旧式でも、相手が人間なら簡単に踏みつぶせる。T－62戦車の砲撃で、ビルの一つも破壊して見せれば、首都防衛師団は手もなく降伏する。

そして粛清が始まり、地獄絵図が！

次いで、共産主義国家に特有の粛清《しゆくせい》が、手際よく始められるだろう。真っ先に血祭りに挙《あ》げられるのは、文在寅大統領はじめ、政府の要人たちになる。なぜなら、独裁国家に二人の指導者は、まったく必要がないからである。朝鮮戦争のときのように、反逆分子の公開処刑が開始される。北朝鮮では、公開処刑は日常茶飯事だが、ソウル市民は恐怖に震《ふる》えて、抵抗する気力を喪失する。ついで、資本家、地主、政治家など、相次いで処刑されることになり、人々は恐怖に打ちひしがれ、唯々諾々《いいだくだく》と従うしかなくなる。

ソウルの外港に当たる仁川《インチヨン》は、それ自体が巨大な工業都市だが、ここも北の特殊部隊に押さえられる。仁川は、黄海《こうかい》の潮の干満《かんまん》の差が大きいため、港にはパナマ運河のような閘門《こうもん》が設けてあり、水位を調節しないと、船の出入りができない。簡単に封鎖できる。

また、金浦空港やソウル国際空港も、やはり掌握される。烏山《オサン》空軍基地で待機する最新鋭F－15K戦闘機も、司令部の命令なしに離陸できずにいるうちに、北の旧式なミグ－21の大編隊に急襲されて、地上で壊滅してしまう。いくら高性能でも、飛ばないかぎり性能を発揮できない。

変革が起こると、この民族は、変わり身が早い。いちはやく北朝鮮という勝ち馬に乗ろうとする人間が出てくる。真っ先に降伏した首都防衛師団の幹部のなかには、率先して戦車や火砲を提供しようとする者も、現われるだろう。

やがて、ソウルの惨状が、地方へ拡がっていく。釜山《プサン》や大邱《テグ》のような大都市は、まだ見ぬ北朝鮮軍を恐れ、一大パニックになる。各地の空港や港には、住民が殺到する。金海《キメ》の釜山国際空港を離陸しかけた大韓航空機が、急襲してきた北朝鮮のミグ−21の編隊によって、乗員、乗客もろとも撃墜される。いくら旧式機でも、旅客機相手なら、無敵である。

文政権の融和策のもとで洗脳された若い世代は、北朝鮮への根拠のない憧憬《しょうけい》にしがみつく者も少なくないが、年配者は動乱の悲惨な体験を覚えている。どこかへ逃げなければならないと、訴えてはみたものの、あてにできる目的地は、日本しかない。

住民を満載した輸送船や護衛艦が、対馬《つしま》を目指す。しかし、反日教育によって、対馬島《テーマド》が韓国領だと教えられている韓国人たちは、穏やかに上陸を求めるわけではない。護衛艦が艦砲射撃を行ない、人々が上陸を敢行するにちがいない。また、一隊は、壱岐《いき》に向かう。韓国の船団は、ここでも住民を殺戮《さつりく》しながら上陸を強行する。

南部の鎮海《チネ》海軍基地からは、住民を満載した護衛艦、輸送船が、北九州を目指して出航していく。日本側も、対馬、壱岐における事件を知って、手を拱《こまね》いているわけにいかなくなる。佐世保から護衛艦を出動させ、韓国艦隊と交戦状態に入る。韓国が、敵と味方を取り違え、日本と戦いはじめているうちに、韓国本土は、北朝鮮軍によって蹂躙《じゅうりん》されつづける。やがて、韓国全土が北朝鮮に占領される。朝鮮戦争（韓国動乱）の再来である。あのときは、アメリカが国連軍を組織して、多くの国々を味方につけ、韓国を救った。しかし、今度ばかりは、アメリカも動くまい。反米に傾いた韓国は、アメリカにしかるべく報いてこなかった。そんな国を多くの同胞の血を流してまで救おうとは思うまい。日本は、対馬海峡を挟んで、地球上最後の独裁国家に相対さなければならなくなる。

来《きた》るべき地獄絵図は、ここらで止めにしておこう。韓国が、北朝鮮に併呑される日が、間近に迫っているのだ。

第八章

日本は、どうすればよいのか

転がり落ちていく韓国経済の今後

これまで詳述してきたごとく、北朝鮮は、絶対に核を捨てない。そのことを、日本人は、肝《きも》に銘《めい》じて、対処しなければならない。

非核化という言葉に踊らされてはならない。北が、ほんとうに非核化したかどうか、はっきり検証するためには、北朝鮮全土を保障占領しなければならない。北の独裁体制が、仮に寧辺を公開したとしても、核武装を止めた証拠にはならない。北朝鮮は、あくまで核を隠し持つにちがいない。北朝鮮全土を査察することを、独裁政権が許すはずはないから、あの体制が転覆《てんぷく》しないかぎり、非核化は不可能なのである。

北朝鮮が、韓国を併呑する地獄絵図を描いてみた。その場合、日本は対馬海峡をはさんで、あの究極の独裁国家と対峙することになる。このことが、日本の安全保障にとってどれほど重大な脅威になるか、すべての日本人が自覚しなければなるまい。

このままの事態が続けば、韓国が崩壊することは、まちがいない。文政権の支持率は、最近になって初めて、不支持率を下回った。北朝鮮への傾斜を深める一方で、多くの失政を重ねているからである。

左翼弁護士の出身の文大統領は、経済には明るくない。人気取りと、プロレタリア好みから、最低賃金を理由もなく引き上げてしまった。その結果、企業は人件費を抑制するため、雇い止めを始めてしまった。

また、人件費の高騰で、倒産する中小企業も出ている。大学生の就職率は、超氷河期と言われるほど低下している。文在寅《ムンジェイン》贔屓《びいき》のマスコミでさえ、時代遅れの労働運動がやりやすくなっただけと、切り捨てる始末である。日本嫌いの韓国マスコミが、アベノミクスが成功したとして、今や日本との対比の上で批判している。事実、韓国国内マーケットに絶望して、日本企業への就職を求める学生が後を絶たない。

また、このところ、現政権に対して民間人を監視しているとして、多くの疑惑が突きつけられている。文大統領は、盧武鉉《ノムヒョン》政権の首席補佐官だった時代、情報機関を、保守政権の牙城で、汚職、不正の元凶だと決めつけ、徹底的に非難し弾劾し、縮小を図った。これら情報機関の代わりとして、透明性を持つ特別監察班《トウクピヨルカムチャルパン》なる組織を、盧政権時代に立ち上げたのだが、この組織が、文政権に批判的な人々を監視していたというのである。まるで、ジョージ・オーウェルの『1984年』の世界のようである。

さらに、日本敵視政策は、人気取りの部分があったにもしろ、国内的にも批判にさらされ、これまで述べてきたように日韓関係を完全に破綻《はたん》させるに至っている。

これが徴用工問題の真相だ

今の韓国は信用できない。ますます日本敵視の度合いを強めている。最近も、いわゆる徴用工問題で、新日鉄住金に損害賠償を命じたばかりでなく、さらに資産の差し押さえの判決すら出している。もし、これが通れば、韓国内の日本企業は、次々に標的にされるだろう。

なぜ新日鉄住金が、血祭りにあげられたのだろうか。なぜなら、韓国および韓国民が、あの企業から返しきれないほどの恩義、協力を受けたからである。ことは、朴正熙大統領の時代に始まった。朴は、日韓条約締結を機に、韓国でも製鉄業をおこしたいと、日本政府に訴え、日本政府が当時の八幡製鉄、富士製鉄（後に合併して新日鉄となる）に、口利きしたことから動きはじめた。

やがて、新日鉄は、浦項《ポハン》製鉄所に、当時最新鋭の君津製鉄所と同じレイアウトの工場を竣工させた。日本人は、思想や宗教に関してはいい加減だが、仕事に関しては熱心だから、かつて同じ国民だった人びとに対して、工場の運転から保守点検に至るまで、心を込めて伝えたのである。しかし、日本人は、こうしたことを恩着せがましく言いたてる文化を持たないから、韓国には通じなかった。

70年代、わたしには、たまたま知り合った新日鉄の知人がいた。T氏としておくが、奥さんのイレーネさんは、スイス人で家族ぐるみの交流が十年ほど続いたものだった。イレーネ夫人が我が家でチーズフォンデュを作ってくれたこともあるし、逆にキムチの作り方を教えたこともある。ある日、公式のものではないが、新日鉄の独身寮で、韓国文化について講演してくれとT氏に頼まれた。慰安婦や徴用工が捏造される以前の話だから、今のような空気はまだ影も形もなかった。テーマは、日韓比較文化論のような当たりさわりのない内容になった。

「うちの会社には、韓国が好きという人間は、おそらく一人もおらんでしょうな」

講演の後、T氏は、ぽつりと呟《つぶや》いた。わたしも、一瞬びっくりしたものの、気を取り直して、真意を訊いてみた。すると、新日鉄の浦項製鉄所《ポハンチェジョルソ》（現ＰＯＳＣＯ）への協力の歴史を話してくれた。工場が竣工し稼働してしまうと、韓国側が手のひらを返したような態度になったという。全て自分たちの手で造ったようなことを言いだし、感謝の一言もなかったという。例によって、日本隠しという民族性である。

　Ｔ氏は、その後、一家で海外転勤になり、交流が途絶えてしまった。Ｔ氏は、イレーネ夫人とはスペインで知りあったというから、偏狭なナショナリストでないことは確かだろう。その国際人のＴ氏が、そう言うのだから、新日鉄の内部では、よほど韓国に対しては肚《はら》に据えかねる空気がみなぎっていたにちがいない。

　Ｔ氏の話を裏付けるような事情を、わたしも後に垣間見ることになる。ＰＯＳＣＯを見学する機会があったからだ。ロココ調の豪華なゲストハウスへ泊めてもらい、ヘルメット姿で工場見学した際、見栄っ張りな韓国人らしく、盛大にもてなしてくれたものの、日本語に堪能な説明係の口からは、新日鉄の協力について一言も言及がなかった。あからさまの日本隠しである。

　今回の新日鉄問題に関して、そのことを思い出して、合点がいった。かつて朝鮮を近代化した日本、韓国を亡国から救ったアメリカが、悪役に仕立て上げられた同じ図式が、新日鉄住金にも及んでいるのだ。ＰＯＳＣＯ（浦項製鉄所）、延《ひ》いては韓国経済が今日あるのは、明らかに新日鉄のおかげである。そのことを、かれらは認めたくないがため、新日鉄を悪者にしなければならなかったのだ。

韓国人は、自尊心《チャジョンシム》という言葉が好きである。しかし、正確な意味は日本とは異なる。むしろ直訳して、自らを尊ぶ心と、理解したほうが判りやすい。尊いのは自分だけで、他者ではない。あの過酷な歴史が培《つちか》った歪んだ心理なのである。あまりにも恩恵を受けすぎて、自らを尊ぶことができなくなったときは、どうするのか。相手を徹底的に悪役に貶《おとし》めるのである。

文在寅大統領は、年頭の記者会見で、日本人の記者の質問に、こう答えている。日本側も司法の判断を尊重し、政治的に事を大きくしないよう望むという。また、争点化するのは賢明でないと、まるで評論家のようなことまで口にする。解決のために、互いが智恵をしぼるべきだとも語った。この人のいつもの癖なのだが、重大な事態を招いておいて、しかも日本側に下駄を預けるようなことを、平気で口にする。しかも、日本は謙虚になれなどと、上から目線で教えを垂れる始末である。

慰安婦、徴用工について、蒸し返されるようになったのは、大統領自身が解決していないと語ったからだが、忘れてしまったのだろうか。言うことが、支離滅裂になっている。

おそらく、内心では、かつてのいかなる大統領より、はるかに強烈な対日憎悪を秘めているのだろうが、それを表に出さないだけの老獪《ろうかい》さを備えている。かつてない反日的な政策を次々に打ちだしながら、日本側に責任を押し付け、いけしゃーしゃーと友好などと空疎な言葉を用いる。しかし、韓国内の問題を日本に下駄を預けられても困る。自ら解決できない無能ぶりを、公言しているようなものだが、もともと政治家でない法曹人は、それで辻褄が合うとでも考えたのだろうか。実際、新年の記者会見でも、記者たちの質問は、雇用、景気問題に絞られ、日韓関係が破綻していることについて、なんの追及も行なわれなかった。黒田氏が言うように、日本側の怒りが韓国に伝わっていないのは、韓国の政治家ばかりでなく、マスコミも同様なのだ。

さすがに、今回は、政府も、日韓請求権協定を盾に、交渉を迫っているが、これでも甘すぎる。日本側が交渉を迫るということは、膝を屈してきたと解釈される危険も出てくる。例の幸せ症《ユーフォリア》のため、自分に都合のよいようにしか、受けとめないのである。

韓国が、すでに解決済みの問題を持ち出してくるということは、日韓請求権協定の否定である。それなら、日本側にも、膨大な請求権が復活する。一つ、テーブルを叩くくらいの勢いでやってみるといい。まず手始めに、ソウル市役所、韓国国立銀行、ソウル駅、新世界百貨店などの建築費を要求するのは、どうだろうか。さらに鉄道、教育、文化施設など、莫大なインフラの整備費も、俎上に上げよう。これらを韓国に要求してみて、支払わない場合は、日本国内の資産を押収すると、催告するのである。そのほか、能天気な韓国の目をさますためにも、できることは、なんでもやってみるべきだ。

しかし、たぶん、無駄だろう。日本を敵視するのに、大わらわな韓国は、ほどなく北朝鮮に併呑されるだろう。

日本は、日本で、独自の対策を考えなければならない時期に来ている。すでに、アメリカも、韓国を同盟国として、信用しなくなっている。日本は、アメリカとの同盟関係を強化する必要があるが、その一方で日本独自の対策も必要になる。

トランプ大統領が、はたして二回目の首脳会談を行なうかどうかにもよるのだが、それしだいでは、アメリカが金正恩と、ある意味の手打ちをしてしまう可能性も生まれる。

トランプ大統領という人は、実績作りに熱心である。2018年12月、マティス国防長官と袂《たもと》を分かつことになった原因は、シリア問題である。大統領は、IS（いわゆるイスラム国）を壊滅させたと豪語し、シリアからの撤兵を命じた。しかし、軍事の専門家であるマチス氏から見ると、ISは弱体化したものの、いまだ壊滅してはいない。圧力を緩《ゆる》めれば、勢力を回復する可能性がある。それにもかかわらず、大統領は、壊滅させたという実績を誇りたいのである。

独裁体制に対する免疫が希薄な韓国人

同様のことが、対北朝鮮でも起こりうる。私の読み通り、寧辺の核施設が公開されたとする。北朝鮮の非核化を成し遂げたという、いわば勲章を宣伝することによって、大統領は二期目が安泰になるだろう。実際、寧辺の公開と同時に、火星ミサイルの廃棄も進行すれば、アメリカへの核攻撃の可能性は遠のくことになる。アメリカの有権者は、納得するにちがいない。

しかし、それによって、東アジアの情勢は、かえって混沌として不安定になる。北朝鮮の核と中距離ミサイルが、温存されることになるからだ。韓国が、同じ民族という妄想のもとで、北朝鮮に対する警戒を緩めて、折あらば援助を注ぎ込もうとしている点が、大きなマイナスになる。

今回のFC（火器管制）レーダーの不法照射事件にしても、あの国が、順法精神に欠けることを証明する結果になった。かれらは、自分の主義主張しかしない民族だから、国連の制裁決議など有って無きがごとしで、いつでも破るだろう。また、情治政治といわれるが、文在寅大統領の父祖の故郷である北朝鮮への、激情に似た思い入れが作用して、あの独裁国に肩入れしたら、どんな悲惨な結果が待ち受けるか、まったく読めなくなっている。したがって、韓国は、まったく当てにならない。

韓国内では、若い人を中心として、同じ民族の核ということで、北朝鮮の核保有を容認する人々も増えている。潜水艦映画『幽霊《ユリヨン》』が、日本を核攻撃するというテーマで、大ヒットしたのもそれほど遠い昔ではない。若い人は、北朝鮮の独裁体制に対する免疫《めんえき》がない状態である。金日成が提議した高麗連邦という構想が、現実のものとなる日も遠くない。そうなった際、真っ先に抹殺《まっさつ》されるのは、先に述べたように、ほかならぬ文在寅大統領だろう。

金正恩は、叔父や兄すらも、情け容赦なく殺している。こうした独裁者を信用するのは、まさに狂気の沙汰だが、韓国人には矛盾した考えではない。同じ民族だから理解するはず、同じ民族だから統一すべきと考える。得意のはずとべきの理屈で、ものごとを論理的に検証しない悪い癖なのである。

日本人が信奉する「平和教」は、もはや限界にきている

日本は、どうすべきか。平和教信者の日本人を改宗させることは難しいのだが、世界には武力に訴えなければ解決しない問題が山積している。イージス・アショア（地

上配備型のミサイル防衛システム）など、防衛予算の増額が求められているが、アメリカ製の兵器の購入で、トランプ大統領の御機嫌をうかがうだけに終わるかもしれない。

その前に、まず憲法の制約を取り払うことから、始めるべきである。交戦権を認めないというのだから、どこかの国、たとえば北朝鮮が侵略してきたとしても、戦うことができないまま、降伏するしか道がない。こうした矛盾をなくすことから始まり、さらに軍備の強化を図るべきである。ようやく、政府も、重い腰を上げ始めたようである。

2万トン級の『いずも』型護衛艦を、短距離離陸・垂直着陸用機の空母に改装することが決まった。新たに最新鋭機のF－35Bが、艦載機に予定されている。かつては制御が難しいとされた機種だが、イギリスのホーカー・ハリヤー戦闘機が実用化され、フォークランド戦争では、敵ミサイルを横っ跳びに交《か》わしてみせる離れ業を演じて、勝利に貢献した。以後、開発に難航したV－22オスプレイなどと同様、コンピュータ制御によって、機体をコントロールできるようになり、実用化が加速された。離陸には短距離でも滑走する。垂直に上昇すると、燃費が増大し、航続時間に響くからである。

この護衛艦『いずも』をめぐっても、攻撃型空母うんぬんという恒例の禅問答のような議論が、すでに始まっている。政府としては刺激的な答弁を避けているのだろうが、兵器には攻撃用も防御用もない。この際、日本の手を縛るような議論は、もう止めにすべきである。乱暴者を前にして、自分の手を縛って、さあどうぞ殴ってくださいと言うようなものである。

現在、ステルス実験機Ｘ－２が初飛行に成功したばかりである。次期支援戦闘機Ｆ－３は、ぜひとも、このＸ－２〈心神《しんしん》〉の発展型で、国産路線を進めるべきだろう。

さらに、最大のタブー、核武装も俎上《そじょう》に載せて、議論すべきだろう。かつて米ソの冷戦時代、アメリカの核戦略は、ＭＡＤ（ｍｕｔｕａｌ ａｓｓｕｒｅｄ ｄｅｓｔｒｕｃｔｉｏｎ＝相互確証破壊）という構想のもとで、運営されていた。これは、真珠湾の後遺症とされ、ひところは真珠湾症候群（Ｐｅａｒｌ Ｈａｒｂａｒ Ｓｙｎｄｒｏｍｅ）と呼ばれたりした。真珠湾のような奇襲攻撃を、核兵器でやられたら、ひとたまりもないからだ。

そこで、相手国に核攻撃をかければ、必ず報復されることが確実なので、このことが抑止力となって平和が保たれるとする戦略が生まれた。仮にアメリカ本土が、ソ連の核による先制攻撃（preemptive attack）で全滅したとしても、海中の原子力潜水艦から、二次報復打撃（retaliatory second strike）が加えられ、ソ連も壊滅する。この文字通り狂気（MAD）の均衡状態で平和が保たれたのである。

こうした核による均衡は、かつての米ソのあいだだけではない。はっきり機能している例が、他にもある。印パのあいだである。かつてカシミール地方の帰属をめぐって、砲火の応酬が絶えず、小競り合いが頻発していた印パ間だが、双方とも核武装したのちは、かえって平和になっている。

日本の場合、こちらから先制攻撃をすることはないから、原潜と核ミサイルだけを、装備すればよい。大きな抑止力になる。日本の経済規模と技術水準からして、それほどの負担にはならない。やみくもに反対せずに、検討するだけの価値はあるだろう。また、核武装する能力はあるのだが、今はやらないと宣言するだけでも、大きな抑止力になる。北朝鮮の核を、このまま見逃す事態が続くなら、日本も方針を変えざるをえないと、はっきり宣言しておくべきだろう。

日本人が信奉する平和教が、袋小路に入り込んでいることは明らかである。米朝会談をミュンヘン会談の二の舞にしないためにも、日米が協力して、軍事力をほのめかしながら、北朝鮮に相対することが求められる。

北朝鮮の通常兵器は、老朽化、旧式化している。叩くなら今しかない。そのことを北朝鮮に意識させるべきである。かれらの旧式な装備では、正面から日米韓とは戦えない。かれらも、苦手な解決法を突きつけられれば、従うしかない。

そうして、経済制裁をさらに強化し、北朝鮮を体制崩壊に向けて、少しずつ追い詰めていく。それしか解決法がない。核弾頭が戦略配備されてからでは、遅いのである。

現在の韓国領が、北朝鮮に占領されて、赤化統一が成ったとしても、ソウルに支配体制を築き上げ、地方へ波及させるまでには、一定のタイムラグができるだろう。そうなる前に、手を打っておかなければならない。事は、緊急を要するのだ。

統一朝鮮＝高麗連邦の悪夢

南北首脳会談での文在寅と金正恩。朝鮮半島の地図には竹島が描かれている

写真／平壌写真共同取材団・共同

切りとり線

★読者のみなさまにお願い

この本をお読みになって、どんな感想をお持ちでしょうか。祥伝社のホームページから書評をお送りいただけたら、ありがたく存じます。今後の企画の参考にさせていただきます。また、次ページの原稿用紙を切り取り、左記まで郵送していただいても結構です。

お寄せいただいた書評は、ご了解のうえ新聞・雑誌などを通じて紹介させていただくこともあります。採用の場合は、特製図書カードを差しあげます。

なお、ご記入いただいたお名前、ご住所、ご連絡先等は、書評紹介の事前了解、謝礼のお届け以外の目的で利用することはありません。また、それらの情報を6カ月を越えて保管することもありません。

〒101-8701（お手紙は郵便番号だけで届きます）
祥伝社新書編集部
電話03（3265）2310
祥伝社ホームページ　http://www.shodensha.co.jp/bookreview/

★本書の購買動機（新聞名か雑誌名、あるいは○をつけてください）

＿＿＿＿新聞の広告を見て	＿＿＿＿誌の広告を見て	＿＿＿＿新聞の書評を見て	＿＿＿＿誌の書評を見て	書店で見かけて	知人のすすめで

★100字書評……統一朝鮮が日本に襲いかかる

名前

住所

年齢

職業

豊田有恒　とよた・ありつね

1938年、群馬県生まれ。島根県立大学名誉教授。若くしてSF小説界にデビュー。歴史小説や社会評論など幅広い分野で執筆活動を続ける一方、古代日本史を東アジアの流れのなかに位置づける言説を展開する。数多くの小説作品の他、ノンフィクション作品に『韓国の挑戦』『騎馬民族の思想』などがあり、祥伝社新書に『世界史の中の石見銀山』『韓国が漢字を復活できない理由』『韓国は、いつから卑しい国になったのか』などがある。

統一朝鮮《とういつちようせん》が日本《にほん》に襲《おそ》いかかる

豊田《とよた》有恒《ありつね》

2019年2月10日　初版第1刷発行
2019年3月15日　　　第2刷発行

発行者……………辻 浩明

発行所……………祥伝社《しょうでんしゃ》

〒101-8701　東京都千代田区神田神保町3-3
電話　03(3265)2081(販売部)
電話　03(3265)2310(編集部)
電話　03(3265)3622(業務部)
ホームページ　http://www.shodensha.co.jp/

装丁者……………盛川和洋

印刷所……………萩原印刷

製本所……………ナショナル製本

Printed in Japan　ISBN978-4-396-11564-7　C0236